校企合作家政服务与养老服务专业精品教材

老年活动策划与实施

吴兴兴　许　艳　黄炫畅　主编

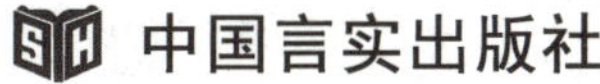

图书在版编目(CIP)数据

老年活动策划与实施 / 吴兴兴, 许艳, 黄炫畅主编.
北京 : 中国言实出版社, 2024. 9. -- ISBN 978-7-5171-4893-7

Ⅰ. C936

中国国家版本馆CIP数据核字第20249ZF481号

老年活动策划与实施

责任编辑：邱 耿
责任校对：郭江妮

出版发行：中国言实出版社
地 址：北京市朝阳区北苑路180号加利大厦5号楼105室
邮 编：100101
编辑部：北京市海淀区花园北路35号院9号楼302室
邮 编：100083
电 话：010-64924853（总编室） 010-64924716（发行部）
网 址：www.zgyscbs.cn 电子邮箱：zgyscbs@263.net

经 销：新华书店
印 刷：三河市悦鑫印务有限公司
版 次：2024年9月第1版 2024年9月第1次印刷
规 格：787毫米×1092毫米 1/16 11.75印张
字 数：257千字

定 价：39.80元
书 号：ISBN 978-7-5171-4893-7

人口老龄化是今后较长一段时期我国的基本国情。在此背景下，我国出台了一系列政策，实施积极应对人口老龄化国家战略。策划与实施老年活动是实施积极应对人口老龄化国家战略的重要举措，在促进老年人社会参与、构建老年友好型社会等方面发挥着重要作用。

为了满足社会对养老服务人才的需求，培养能够策划与实施各类老年活动的高素质老年活动工作者，编者在大量搜集、分析最新资料的基础上，精心编写了本书。在编写本书的过程中，编者在结构、内容、体例等方面进行了积极探索与创新，力求使本书兼具实用性、科学性与趣味性。具体而言，本书具有以下特色。

1 立德树人，德技并修

党的二十大报告指出：育人的根本在于立德。本书践行“立德树人，德技并修”的理念，在每个项目首页设置了“素质目标”，明确提出素质要求，并在正文中有机融入孝老爱亲、敬业精神、服务意识等方面的内容，引导学生在学习知识和技能的同时培养良好的道德品质，从而实现全员全过程全方位育人。

2 校企合作，职业引领

在编写本书的过程中，多家养老机构及相关企业为编者提供了有力支持，一些长期在一线工作的老年活动工作者根据自己多年来的工作经验提供了详细指导，从而使本书内容紧贴岗位实际，让学生能够学以致用。此外，书中的部分案例和图片也由老年活动工作者提供，有助于学生更好地了解理论知识在实践中的应用情况。

3 体例新颖，有趣实用

为了充分体现实用性、先进性和创新性，编者按照“项目引领、任务驱动”的思路编排本书内容，这样既有助于教师更好地推进教学工作，又有助于学生理解和掌握知识点。

本书由九个项目构成，每个项目分为若干个任务。每个任务均以一个典型案例引出正文，激发学生的学习兴趣，引发学生思考。理论知识部分穿插了“同步案例”“视野拓展”

“课堂互动”“小贴士”等模块，可以帮助学生巩固所学知识、拓宽视野，并增加课堂教学的趣味性。每个任务后均设有“任务实施”，让学生能够在实践中应用所学知识，提高实践能力。此外，每个项目后还设有“学习成果自测”和“学习成果评价”，可以帮助学生检验学习成果。

4 平台支撑，资源丰富

本书配有丰富的数字资源，读者既可以借助手机或其他移动设备扫描书中的二维码观看微课视频，也可以登录文旌综合教育平台“文旌课堂”查看和下载本书配套资源，如优质课件、教案、“学习成果自测”答案等。读者在阅读过程中有任何疑问，都可以登录该平台寻求帮助。

此外，本书还提供了在线题库，支持“教学作业，一键发布”，教师只需通过微信或“文旌课堂”APP 扫描扉页二维码，即可迅速选题、一键发布、智能批改，并查看学生的作业分析报告，从而提高教学效率、提升教学体验。学生可在线完成作业，巩固所学知识，提高学习效率。

本书由吴兴兴、许艳、黄炫畅担任主编，杨阳、覃漓漓、廖依山、黄东、银慧玲、刘凌担任副主编。由于编者水平有限，书中若存在疏漏和不妥之处，诚请广大读者批评指正。

特别说明：

（1）编者在编写本书的过程中，参考了大量资料并引用了部分文章、图片等。大部分引用的资料已获授权，但由于部分资料来自网络，我们未能确认出处，也暂时无法联系到原作者。对此，我们深表歉意，并欢迎原作者随时与我们联系，我们将按规定支付酬劳。

（2）本书没有注明资料来源的案例均为编者自编或根据真实事件改编。

本书配套资源下载网址和联系方式

网址：https://www.wenjingketang.com

电话：400-117-9835

邮箱：book@wenjingketang.com

目录
CONTENTS

项目一 老年活动概述

项目引言

在实施积极应对人口老龄化国家战略的背景下，如何进一步丰富老年人的精神文化生活已成为备受关注的社会问题，而开展丰富多彩的老年活动正是解决该问题的重要措施之一。正确地认识老年活动与老年活动工作者，是策划与实施老年活动的基础。

知识目标

- 理解老年活动的概念。
- 熟悉老年活动的分类。
- 了解老年活动的作用。
- 理解老年活动工作者的概念。
- 熟悉老年活动工作者应具备的职业素养。

素质目标

- 学习老年活动的相关知识，激发对老龄事业的热情，助力老年友好型社会的建设。
- 积极培养老年活动工作者应具备的职业素养，树立接纳、尊重、平等对待每一位老年人的服务价值观。

任务一　了解老年活动

任务导入

为了不断丰富辖区内老年人的精神文化生活，切实增强辖区内老年人的幸福感和获得感，A社区举办了“敬老爱老，情暖夕阳”系列活动，具体内容如下：

敬老爱老，情暖夕阳

（1）充分发挥社区党群服务中心的阵地作用，先后举办老年健康讲座、防诈宣传讲座、交通安全讲座、消防安全讲座、互联网和智能设备科普讲座等多场讲座，让老年人紧跟时代步伐、提高生活质量。

（2）根据辖区内老年人的兴趣爱好，开设剪纸（见图1-1）、陶艺、面点制作等方面的手工课堂，以手工艺术的独特魅力不断激发老年人的想象力和创造力，让老年人在收获知识和技能的同时也能收获快乐。

图1-1　剪纸

（3）通过“行家带动+草根发动”的形式，充分挖掘辖区内老年人中的文化达人、民间艺人，组织30名文艺骨干成立民间艺术团，不定期开展文艺展演活动。同时，聘请专业老师开展老年健身、诗词朗诵等方面的教学活动，使老年人在轻松、愉快的氛围中拓宽交际面，实现老有所为、老有所学、老有所乐。

思考：

（1）上述案例中涉及哪些类型的老年活动？除了这些活动之外，还有哪些类型的老年活动？

（2）从上述案例中，可以看出老年活动具有哪些作用？

一、什么是老年活动

老年活动是指针对老年人的生理、心理等方面的特点，以老年人为主体开展的各类活动，其目的主要是帮助老年人全方位地适应社会，维持或改善老年人的社会功能，提高老年人的生活质量。

二、老年活动的分类

（一）根据目的分类

根据目的的不同，老年活动可以分为治疗型活动、发展型活动和支持型活动。

1．治疗型活动

治疗型活动是指以治疗某类疾病、增强老年人的身体素质为目的的活动，如园艺治疗活动、音乐治疗活动等。治疗型活动一般以小组活动的形式开展，有助于老年人减少身心障碍、提高日常活动能力。

2．发展型活动

发展型活动是指以促进老年人发展为目的的活动，如健康知识讲座、智能手机操作方法培训等。老年人参加这类活动，可以掌握一定的知识或技能，从而提高综合素质，增强获得感和满足感。

智慧助老，共享数字生活

为了让老年人更好地适应当今的数字社会，2023 年 7 月 16 日，南京市秦淮区象房新村开展了老年人智能手机操作方法培训活动。老年活动工作者采用线下专题培训和“沉浸式”智能应用场景实地体验模式，对辖区内 30 余名老年人进行智能手机应用培训。

在活动中，老年活动工作者根据老年人的认知特点，先通过 PPT 讲解智能手机应用软件的基本操作流程，然后循序渐进地引导他们慢慢熟悉常用功能。“大家看，现在的手机应用软件都有‘长辈模式’，调成这个模式之后，不仅字号大、图标大，还没有广告、弹窗，用起来更方便。”老年活动工作者小栾介绍道。

在此次活动中，小栾除了专门针对常用应用软件的操作方法做了专题讲解外，还详细讲解了防范手机诈骗的知识，提醒老年人不要随意接听陌生人的电话，更不要随意透露个人信息，以免被犯罪分子骗取钱财。

资料来源：秦萱．秦淮：开展智慧助老，共享数字生活［N］．南京日报，2023-07-27．

3．支持型活动

支持型活动是指以帮助老年人解决生活中的问题为目的的活动，如关爱独居老年人活动。在老年人经历患病、丧偶、家人失和等重大事件后，老年活动工作者通过开展各项活动为老年人提供物质或精神方面的支持，可以满足老年人的日常生活需要，缓解老年人的心理压力。

（二）根据内容分类

根据内容的不同，老年活动可以分为以下几种类型：

（1）运动类老年活动：如散步、爬山、打乒乓球、练习健身秧歌（见图 1-2）、打太极拳（见图 1-3）等。

图 1-2　练习健身秧歌

图 1-3　打太极拳

（2）益智类老年活动：如下跳棋（见图 1-4）、搭积木（见图 1-5）、填数独、猜谜语等。

图 1-4　下跳棋

图 1-5　搭积木

数独是一种运用纸、笔进行演算的逻辑游戏。参加者需要运用逻辑推理的方法，根据数独盘面（又称九宫格，见图 1-6）上的已知数字在空格中填上数字 1—9，使得每个数字在每一行、每一列、每一宫内均只出现一次。

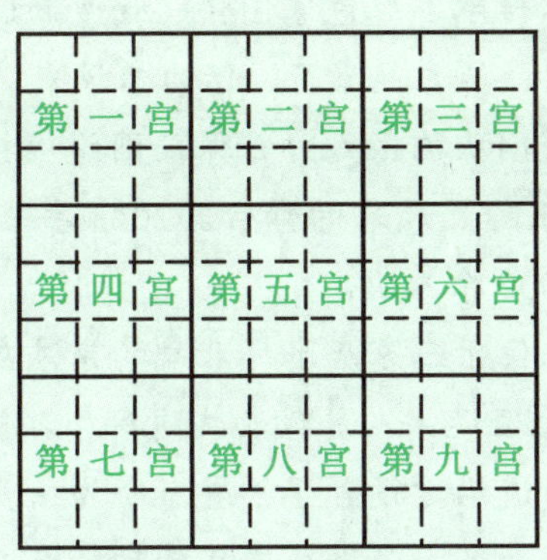

图 1-6　数独盘面

（3）展示类老年活动：如舞蹈表演、乐器表演、书画展示、朗诵等。

（4）操作类老年活动：如园艺活动、织围巾、剪纸、包饺子（见图 1-7）等。

图 1-7　包饺子

（5）学习类老年活动：如养生知识科普讲座、阅读等。

（6）分享类老年活动：如老照片分享、婚姻经验分享、时事分享等。

（7）观赏类老年活动：如参观博物馆、观看抗战电影等。

在实际操作中，可以在某一类型老年活动中融入其他类型老年活动的元素。例如，在学习类老年活动中，可以加入展示环节，展示老年人的学习成果；在观赏类老年活动中，可以加入分享环节，使老年人分享自己观赏的收获与体会。

门头沟区人力社保局发布“银龄增辉”十大主题活动

2023 年 6 月，北京市门头沟区人力社保局发布了“银龄增辉”社会化管理退休人员十大主题活动，凝聚“银龄”力量，展现“银龄”风采，营造老有所乐、老有所为的氛围。活动主题分别为红色永传承、红色家国情、逐梦新时代、歌颂新生活、建功新征程、描绘新画卷、助力新乡村、活力健康行、活力舞风采、活力快乐学。

据了解，十大主题活动是门头沟区人力社保局围绕“银龄增辉”社会化服务品牌，结合区域特色打造的展现“银龄”风采的舞台。2023 年以来，全区已围绕该品牌组织各类活动 30 余场次，惠及 3 000 余人次。

其中，活力健康行活动在位于三家店水库北端的京浪岛文化体育公园举办，来自全区各镇街的 300 余名社会化管理退休人员代表共同参加。他们伴着太平鼓舞蹈表演，沿着公园内的健身步道行进。步道沿途设置了“老有所为·夕阳红”“转型发展·产业兴”“山青水润·小院美”三个展示区，分别从老年活动、产业转型、文旅资源三个方面展示门头沟区的发展新成果。

此外，活动现场还设置了“门头沟秘境”“打卡”点、“门头沟我知道”问答区等特色区域。参加者通过合影后在朋友圈“打卡”、参与知识问答等方式，让更多身边人了解门头沟、走进门头沟、爱上门头沟。

资料来源：杜鹃. 门头沟区发布“银龄增辉”十大主题活动 助力区域高质量发展 [N/OL]. (2023-06-30). 中国日报网.

三、老年活动的作用

对老年人来说，参加老年活动具有以下重要作用。

（一）促进身体健康

随着年龄的增长，老年人的身体机能逐渐衰退，主要表现为视力下降、听力下降、消化功能减退、行动迟缓等。参加老年活动有助于老年人维持身体的灵活性，加快新陈代谢，增强免疫力，从而促进身体健康。

（二）促进心理健康

受身体机能衰退、社会角色变化、子女离家等因素的影响，老年人可能会产生孤独、焦虑、内疚等不良情绪，有的老年人还会发生性格上的改变，如变得固执己见、以自我为中心等。参加老年活动有助于老年人缓解或摆脱各种不良情绪，保持积极健康的心理状态。

举办心理关爱活动，促进老年人心理健康

2023 年 7 月 5 日，黑龙江省佳木斯市民政局主办居家和社区老年人及其照护人员心理疏导服务项目，为老年人开展了一堂生动的心理教育课。

活动中，来自佳木斯市某社会服务中心的老师介绍了老年人的心理现状、心理健康

标准和心理疾病预防方法等方面的内容，引导老年人养成积极乐观的心态。

此次活动共吸引了来自不同社区的近百名老年人前来参加。此次活动的举办使得参加活动的老年人对心理健康知识有了全新的了解，有助于切实提高老年人的心理健康素养，改善其心理健康状况。

资料来源：抚远市融媒体中心．我市举办社区老年人心理关爱活动［EB/OL］.（2023-07-07）．抚远市人民政府网．

（三）促进自我实现

自我实现是指个人的才能、价值在适宜的环境中得以充分发挥，从而实现个人理想、满足个人需要的过程。

随着社会的快速发展，老年人所处的社会环境发生了巨大变化，导致老年人所掌握的知识和技能可能无法满足现代社会的需要。通过参加老年活动，老年人可以与时俱进，充分开发自身潜能、发挥自身所长，从而实现“老有所为”。

（四）获得更多的社会支持

社会支持是指来自亲友和社会各方面（如政府、企业、社区等）的支持，具体包括经济支持、生活支持和情感支持三种类型。

老年人在离休或退休后，其社会角色、社会地位等发生变化。通过参加老年活动，老年人可以扩大社交圈，构建新的社会关系，从而获得更多的社会支持。相关研究表明，老年人获得的社会支持种类越丰富、程度越深，其生活质量就越高。

离休是指我国符合条件的老干部达到规定年龄时离职休养的形式。

退休是指工作人员达到国家规定的年龄或因公致残完全丧失工作能力，从而退出工作岗位并按标准领取养老金的形式。

任务实施

分析老年活动的类型和作用

【任务描述】

2023 年 9 月 25 日，全国老龄工作委员会印发《关于开展 2023 年全国“敬老月”活动的通知》。该通知指出，为贯彻落实积极应对人口老龄化国家战略，弘扬中华民族孝亲敬老传统美德，营造养老孝老敬老良好社会氛围，全国老龄工作委员会决定开展 2023 年全国“敬老月”活动。此次活动以“实施积极应对人口老龄化国家战略，推进无障碍环境共建共享”

为主题，活动时间为2023年10月1日至31日。具体活动内容如下。

1．加强宣传贯彻，共建共享无障碍环境

广泛开展《无障碍环境建设法》宣传活动，推动该法律进乡村、进学校、进社区、进企业、进单位，坚持集中宣传与日常宣传相结合、线上线下相结合，宣传无障碍环境理念，普及无障碍环境知识，增强全社会的无障碍环境意识。持续推进“智慧助老”行动，引导志愿服务组织、涉老社会组织等面向老年人开展运用智能技术培训等活动，帮助老年人学习使用电子设备。支持涉老社会组织开展2023年老年智慧出行志愿服务行动。进一步扩大出租车电召和网约车“一键叫车”服务覆盖面。积极开展“社保服务进万家”主题活动，大力宣传推广社保线上线下便民服务举措。

2．动员各界力量，开展走访慰问和关爱帮扶

动员组织广大党员干部、企事业单位、社会组织、志愿服务组织等社会各界力量，广泛开展多种形式的走访慰问活动，重点对独居、空巢、留守、失能、重残、计划生育特殊家庭老年人等进行走访慰问，倾听群众呼声，传递暖心关怀，帮助解决实际困难，排查化解涉老矛盾纠纷。广泛动员志愿服务组织、社会组织、爱心企业等开展志愿助老服务活动。组织动员更多志愿服务组织参与青年志愿者助老“金晖行动”。

3．优化为老服务，保障老年人合法权益

持续加强养老诈骗防范治理，重点加强电信网络诈骗、非法集资等风险监测和预警提示，严厉打击食品、保健食品欺诈和虚假宣传犯罪活动，强化老年产品质量安全监管，着力维护老年人合法权益。加大老年人反诈知识宣传力度，发布典型案例，打造宣传品牌，切实增强老年人防范意识。支持法律援助机构、公证机构等组织开展形式多样的普法宣传活动，提供优质高效的法律服务，让法律服务更好惠及老年人群体。制作播出“守护夕阳”老年普法宣教广播系列节目，组织开展老年普法教育进社区活动。

4．普及健康知识，提高老年人健康水平

大力宣传老年人健康管理、老年健康与医养结合、高血压患者健康管理、糖尿病患者健康管理、中医药健康管理等国家基本公共卫生服务政策，普及疫苗接种、老年常见病和慢性病防治、伤害预防、应急救助、心理健康、生命教育等健康知识。深入开展老年口腔健康、老年营养改善、老年痴呆防治促进和老年心理关爱活动，促进健康老龄化。积极开展中医健康体检、健康指导、健康管理等服务。举办老年健康知识大赛。

5．丰富文体活动，促进老年人社会参与

充分利用各地老年大学优势，积极组织开展广场舞、健步走、歌咏、阅读、书画、摄影等适合老年人的文体活动。广泛开展“九九重阳”全民健身主题活动，加强老年人科学健身指导，举办老年人健身交流、培训、志愿服务等活动，普及科学健身知识和技能，推广太极拳、八段锦、五禽戏等传统运动项目。鼓励各地在“重阳节”当天免费向老年人开放体育场馆和区域内的公共体育场地设施，推动公共体育场馆为老年人提供优惠服务。支持企业开发适合老年人的养生旅游、医疗旅游等休闲度假类产品。将残疾老年人健身体育纳入全民健身

整体安排，推出更多适合残疾老年人的康复健身体育方法和活动。

6. 强化宣传倡导，营造敬老爱老助老社会氛围

结合学习贯彻党的二十大精神，组织开展人口老龄化国情教育等活动，在全社会凝聚积极应对人口老龄化的广泛共识。大力宣传全国老龄系统先进集体和先进工作者典型事迹，激励引导广大老龄工作者学习先进、奋斗奉献。鼓励创作播出敬老题材广播电视和网络视听作品，开展全国敬老养老助老公益广告征集暨展播活动，播放人口老龄化国情教育推荐影片。开展“银龄阅读——金色年华”老年阅读系列推广活动。推广各地加强农村养老服务典型经验，弘扬孝老敬老文明乡风。以寻找“最美家庭”活动为载体，选树宣传孝老爱亲家庭典型。持续深化新时代文明实践巾帼志愿阳光行动，推动营造关心爱护老年人的良好氛围。

请以小组为单位，对上述资料进行分析。

【实施流程】

（1）学生自由分组，每组 4—6 人，并选出一名小组长。

（2）小组长组织小组成员仔细阅读上述资料，并讨论以下问题：① 针对上述活动内容，可以开展哪些类型的老年活动？② 对老年人来说，参加这些老年活动可以起到哪些作用？

（3）小组长对小组成员的观点进行汇总、整理，并以 PPT 的形式进行汇报。

（4）教师观看各小组长的汇报过程，并进行点评。

任务二　了解老年活动工作者

任务导入

小何是一名老年活动工作者，已在 A 社区老年服务中心工作多年。她凭借较高的职业素养，得到了老年人和同事们的一致好评。

小何对待每一场老年活动都充满热情，在活动的每一个环节都亲力亲为，力求完美。她深知老年人的需求，因此在策划活动时总是别出心裁，力求让每一位参加者都能感受到快乐和满足。

有一次，小何参与组织了一场“重阳秋色暖，敬老情更浓”重阳节庆祝活动。为了让活动更加丰富多彩，她提前一个月就开始筹备，不仅精心挑选了适合老年人的节目，还亲自布置场地、购买所需物资。活动当天，小何早早地来到现场，检查每一个细节，以确保活动顺利进行。

活动中，小何始终热情地与每一位老年人交流，询问他们的需求和感受。当老年人遇到问题时，她总是第一时间上前解决。

活动结束后，小何并没有立即离开，而是留下来清理现场，并与同事一起总结活动的经验与教训。她深知这场活动的成功来之不易，因此要努力做好每一项细节工作。

小何用自己的实际行动诠释了老年活动工作者的职业素养，也为老年人带来了欢乐和温暖。

思考：

（1）老年活动工作者应具备哪些职业素养？

（2）上述案例中体现了小何的哪些职业素养？

一、什么是老年活动工作者

老年活动工作者是指负责策划与实施各种老年活动的工作人员，其工作内容除了包括活动策划、活动宣传、活动现场管理等，还包括为老年人提供咨询和辅导服务、帮助老年人解决活动中遇到的问题等。

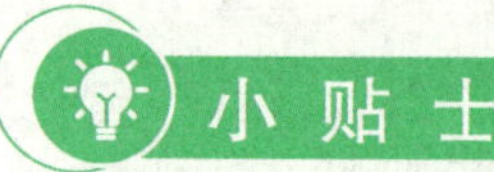

目前，我国尚未设置专门的老年活动工作者岗位。在养老机构（如养老院、敬老院、护老院、老年社会福利院、老年公寓等）中，通常由养老护理员、社会工作者等人员策划与实施老年活动；在社区中，通常由社区工作者与社区内感召力很强的老年人合作策划与实施老年活动。

二、老年活动工作者应具备的职业素养

老年活动工作者应具备一定的知识素养、能力素养和伦理素养。

（一）知识素养

针对需求不同的老年人，老年活动工作者需要策划与实施不同类型的老年活动。因此，老年活动工作者需要熟悉以下知识：① 社会学、心理学、教育学、管理学、老年医学、运动训练学等方面的基础理论；② 有关活动策划与实施的专业知识；③ 与老年人有关的法律法规、政策，如《中华人民共和国老年人权益保障法》《“十四五”国家老龄事业发展和养老服务体系规划》《中共中央 国务院关于加强新时代老龄工作的意见》等。

（二）能力素养

能力素养是老年活动工作者应具备的核心素养，可以反映老年活动工作者的工作水平。具体来说，能力素养主要包括沟通能力、写作能力、组织协调能力、执行力、应变能力和创新能力等。

1．沟通能力

沟通能力是指向他人传递信息，与他人交流思想、情感的能力，包括倾听能力和表达能力两个方面。老年活动工作者与老年人沟通时，应耐心倾听，以了解老年人的真正需求；与同事沟通时，应积极表达自己的想法和遇到的问题，虚心听取同事的意见和建议，从而达到集思广益的效果。

与老年人沟通的技巧

老年活动工作者与老年人沟通时可以灵活运用以下技巧：

（1）沟通前尽可能全面地了解老年人的相关信息，准备好所需资料。

（2）见面时主动问候。

（3）认真倾听老年人的表述。

（4）富有同理心，站在老年人的角度考虑问题。

（5）积极回应，多称赞、鼓励老年人。

2．写作能力

老年活动工作者需要撰写活动策划方案、志愿者招募公告、邀请函、自媒体稿件等，应熟悉这些文案的内容、格式和写作技巧，以使文案更规范、更具吸引力。

3．组织协调能力

老年活动是一种有计划、有组织的活动，涉及活动策划、活动筹备、活动宣传、现场管理等工作，需要多人协作才能完成。因此，老年活动工作者应能够统筹协调人、事、物，最大限度地凝聚力量、达成共识，从而使活动有条不紊地进行。

4．执行力

执行力是指把想法付诸实施，保质保量地完成工作任务的能力。老年活动工作者不仅要勤于思考，更要敏于行动，在活动过程中明确工作流程和注意事项，与其他工作者密切配合，从而提高工作效率、实现活动目标。

如何在活动中应对老年人情绪失控问题

5．应变能力

应变能力是指在遇到问题时能够迅速做出反应，使问题得到妥善解决的能力。受各种不确定性因素的影响，老年活动实施过程中经常会出现各种突发状况，如老年人跌倒、老年人情绪失控、设备出现故障等，老年活动工作者应能够根据实际情况进行妥善处理。

6．创新能力

创新能力是指产生新思想、创造新事物的能力。老年活动工作者应能够在活动主题、活动内容、参与方式等方面不断创新，以满足老年人多样的需求，并适应内外部环境的变化。

例如，在设计活动主题时，可以将当前社会的热门话题融入活动主题，使活动具有较强的现实意义；在策划活动流程时，可以设置互动问答、观众提问等环节，鼓励老年人积极发言，让老年人在轻松、愉快的氛围中完成活动；在确定活动形式时，可以考虑利用在线直播平台进行活动直播，让无法到场的老年人也能实时参加活动，并通过发“弹幕”、投票等方式进行互动。

2024 年 3 月 28 日，由四川省民政厅、四川省教育厅等部门联合主办的四川省第二届老年文化艺术节启动仪式在成都市温江区举行。

该艺术节以“蜀适养老 安逸生活”为主题，包括内容丰富、形式多样的活动，活动以“1+4+1”（1 个启动仪式+4 季活动+1 个会演典礼）的形式贯穿全年。其中，“4 季活动”按春、夏、秋、冬四季设置，具体如下：

（1）暖春季：包括“烹燃心动”美食视频征集和“寸草春晖”为老服务视频征集两项线上活动。

（2）明夏季：包括“光影”老年摄影展、“翰墨”老年书画展、“妙塑”老年手工艺术品展和“重走长征路”老年游学系列活动，以及太极拳、八段锦等全民健身赛事活动。

（3）金秋季：包括老年合唱大赛、老年舞蹈大赛、老年语言（朗诵类）大赛、老年时装模特大赛 4 项大赛。

（4）冬绥季：为老年人搭建展现自我风采和体现自我价值的舞台，助力老年人实现老有所乐、老有所为。

资料来源：王尧．四川启动第二届老年文化艺术节 [N]．中国社会报，2024-04-01.

请问：上述案例体现了哪些方面的创新？

（三）伦理素养

伦理是指处理人际关系时必须遵守的行为准则。老年活动工作者应具备以下伦理素养。

1．接纳并尊重老年人

老年活动工作者不可避免地要与不同老年人打交道。不论老年人的社会地位、身体状况、个人能力和态度如何，老年活动工作者都应将其看作社会财富，坦然接纳并尊重老年人，真诚地为老年人提供服务。

同步案例

深耕十余载，用园艺疗法温暖失智老年人

高级社工师、园艺治疗师小李已经从事老年社会工作十几年。多年前，小李在一次服务中接触到了失智老年人这一群体。小李希望这些老年人能够有尊严地生活，便决定采用园艺疗法帮助他们。她努力学习园艺疗法的相关知识，掌握策划适合不同症状失智老年人的园艺治疗活动的方法。

一天，小李在某养老服务中心为几位老年人上插花课。在她看来，插花能让人放松心情，在一定程度上提高失智老年人的认知能力。82 岁的胡奶奶全程认真学习、积极操作，最后笑容满面地向小李分享她的插花作品。

86 岁的李奶奶患有中度失智症，小李陪伴她做迷迭香盆栽、树叶风铃（见图 1-8）等多种园艺作品，希望以此激发李奶奶的活力。一次，李奶奶做好薰衣草香囊后，高兴得不得了，老远就喊着老伴儿：“看，这是我做的，你闻闻香不香！”李奶奶的老伴儿竖起大拇指说：“好香！”看到这温馨的一幕，小李很兴奋。用园艺疗法让失智老年人感受到快乐，正是她十几年来坚持从事老年社会工作的意义。

图 1-8　树叶风铃

资料来源：先藕洁．守护“夕阳红”的年轻人［N］．中国青年报，2023-04-12．

2．充分考虑老年人的需求

老年人的性格、兴趣爱好、家庭背景、职业经历、文化程度等不同，导致其对老年活动的需求存在差异。例如，有些老年人外向、乐观，喜欢热闹的活动（如趣味运动）；有些老年人内向、敏感，喜欢安静的活动（如阅读、下棋）。因此，老年活动工作者不能用单一的思维模式去对待所有的老年人，而应根据老年人的实际需求策划与实施不同的老年活动。

3．维护老年人的自决权

老年人在活动中遇到问题、陷入困境时，老年活动工作者应先帮助老年人认真分析问题，然后让老年人自己做出决策。如果老年人无法自主决策，老年活动工作者应耐心地对其加以引导，协助其做出决策。不能违背老年人的真实意愿，擅自做主。

任务实施

分析老年活动工作者的行为

【任务描述】

小王是A社区的一名老年活动工作者，在端午节期间组织辖区内老年人开展了“庆端午・承传统”活动，活动内容包括包粽子、制作香囊、编织五彩绳等。活动当天，小王为现场参加活动的老年人们讲解了端午节的由来和风俗，以及包粽子、制作香囊、编织五彩绳的方法。

在活动中，小王接待了一位听力不太好的老年人张爷爷。小王事先不知道张爷爷听力不好，所以与其沟通时一直轻声细语。结果张爷爷不耐烦地冲小王大吼，责怪小王说话声音太小。小王没有埋怨，而是诚恳地向张爷爷道了歉，然后继续耐心为其提供服务。

请以小组为单位，对上述案例进行分析。

【实施流程】

（1）学生自由分组，每组4—6人，并选出一名小组长。

（2）小组成员阅读上述案例，讨论案例中体现了小王的哪些职业素养。

（3）小组长对小组成员的观点进行汇总、整理，并以PPT的形式进行汇报。

（4）教师观看各小组长的汇报过程，并进行点评。

学习成果自测

1．填空题

（1）根据目的的不同，老年活动可以分为__________、__________和支持型活动。

（2）社会支持包括__________、__________和情感支持三种类型。

（3）__________是老年活动工作者应具备的核心素养，可以反映老年活动工作者的水平。

2．单项选择题

（1）（　　）是指以帮助老年人解决生活中的问题为目的的活动。

A．治疗型活动　　B．发展型活动

C．支持型活动　　D．益智型活动

（2）以下选项中，（　　）不属于运动类老年活动。

A．打太极拳　　B．爬山

C．参观博物馆　　D．散步

（3）园艺活动属于（　　）老年活动。

A．运动类　　B．展示类

C．操作类　　D．观赏类

（4）以下选项中，（　　）不属于老年活动工作者的工作内容。

A．活动策划

B．生活照料

C．活动宣传

D．帮助老年人解决活动中遇到的问题

（5）（　　）是指把想法付诸实施，保质保量地完成工作任务的能力。

A．执行力　　B．组织能力

C．应变能力　　D．创新能力

（6）老年活动工作者不能违背老年人的真实意愿，擅自做主。这体现了老年活动工作者应（　　）。

A．接纳并尊重老年人　　B．充分考虑老年人的需求

C．维护老年人的自决权　　D．与老年人互相信任

3．简答题

（1）老年活动具有哪些作用？

（2）简述老年活动工作者应具备的知识素养。

学习成果评价

请进行学习成果评价，并将评价结果填入表 1-1 中。

表 1-1　学习成果评价表

<table>
<tr><td>班级</td><td></td><td>姓名</td><td></td><td>学号</td><td></td></tr>
<tr><td>评价项目</td><td colspan="2">评价内容</td><td>评价方式</td><td>满分</td><td>评分</td></tr>
<tr><td rowspan="5">知识
（40%）</td><td colspan="2">老年活动的概念</td><td rowspan="5">理论测试</td><td>5</td><td></td></tr>
<tr><td colspan="2">老年活动的分类</td><td>12</td><td></td></tr>
<tr><td colspan="2">老年活动的作用</td><td>8</td><td></td></tr>
<tr><td colspan="2">老年活动工作者的概念</td><td>5</td><td></td></tr>
<tr><td colspan="2">老年活动工作者应具备的职业素养</td><td>10</td><td></td></tr>
<tr><td rowspan="2">技能
（40%）</td><td colspan="2">能够对老年活动进行准确分类</td><td rowspan="2">实践操作</td><td>15</td><td></td></tr>
<tr><td colspan="2">能够主动培养老年活动工作者应具备的知识素养、能力素养、伦理素养</td><td>25</td><td></td></tr>
<tr><td rowspan="4">素养
（20%）</td><td colspan="2">学习态度良好，积极、主动地学习、思考</td><td rowspan="4">综合评价</td><td>5</td><td></td></tr>
<tr><td colspan="2">具有团队精神，积极与他人合作</td><td>5</td><td></td></tr>
<tr><td colspan="2">具有尊老敬老、孝老爱亲的品质</td><td>5</td><td></td></tr>
<tr><td colspan="2">具有服务意识，自觉做好服务工作</td><td>5</td><td></td></tr>
<tr><td colspan="4">合计</td><td>100</td><td></td></tr>
<tr><td>自我评价</td><td colspan="5"></td></tr>
<tr><td>教师评价</td><td colspan="5"></td></tr>
</table>

项目二 老年活动策划与实施概述

项目引言

随着我国人口老龄化进程的加快，老年人对老年活动的需求呈现出多样化的特点，这就要求老年活动工作者能够根据老年人的实际需求策划出更多适合老年人的活动，以丰富老年人的晚年生活。此外，老年活动工作者在老年活动实施过程中，要做好活动筹备、活动宣传、现场管理等工作，以确保活动顺利开展；在活动结束后，还要客观、全面地对活动过程、活动效果进行评估。

知识目标

- 理解老年活动策划与实施的概念、要素和原则。
- 熟悉老年活动调研的内容与方法、老年活动目标的维度与表述要求、老年活动的一般流程和设计技巧。
- 掌握老年活动策划方案的内容。
- 掌握老年活动筹备、宣传和现场管理的相关知识。
- 熟悉老年活动评估的内容和流程。

素质目标

- 学习老年活动策划的相关知识，树立整体意识和大局意识，能够运用系统观念进行前瞻性思考、全局性谋划、战略性布局。
- 在老年活动实施过程中，能够各司其职、协同合作，努力发扬团队合作精神。
- 学习老年活动评估的相关知识，学会总结和反思，在总结、反思中不断进步。

任务一　认识老年活动策划与实施

任务导入

H养老院每年都会组织院内老年人参加端午节主题活动，但是最近两年的参加人数和活动效果都没有达到预期目标。王经理安排小孙对该项活动进行改进，以提高老年人参与活动的积极性。

小孙与老年人们交谈后，了解到不少老年人不愿意参加活动的原因如下：① 活动形式单一，每次都是老年人们聚在一起包粽子、吃粽子，有些老年人觉得粽子难以消化，有些老年人则对此不感兴趣；② 部分老年人希望家属能够陪同自己共度端午节。

思考：

（1）什么是老年活动策划与实施？

（2）老年活动策划与实施的原则有哪些？

（3）如果你是小孙，你会如何对该活动进行改进？

一、什么是老年活动策划与实施

老年活动策划与实施是指老年活动工作者（以下简称工作者）根据主客观条件制订老年活动策划方案，并根据策划方案进行筹备、宣传和执行的过程。

策划与实施老年活动是实施积极应对人口老龄化国家战略的重要举措。《中共中央 国务院关于加强新时代老龄工作的意见》中指出："支持街道社区积极为老年人提供文化体育活动场所，组织开展文化体育活动，实现老年人娱乐、健身、文化、学习、消费、交流等方面的结合。"

二、老年活动策划与实施的要素

老年活动策划与实施的要素可以归纳为"5W2H"，即 who、when、where、what、why、how to do、how much，如表 2-1 所示。

表 2-1　老年活动策划与实施的要素

要素		具体内容
who 谁	谁举办	（1）该活动由哪些单位组织？ （2）该活动的负责人是谁？ （3）该活动的现场工作人员有多少？

续表

要素		具体内容
who 谁	谁参加	（1）哪些老年人可以参加该活动？ （2）该活动不适合哪些老年人参加？ （3）该活动适合多少人参加？
when 什么时间		（1）该活动何时举办？ （2）该活动持续多长时间？中间是否有休息时间？
where 什么地点		（1）该活动在哪里举办？是室内场地还是室外场地？ （2）举办该活动的场地有多大？是否需要进行特殊布置？
what 做什么		（1）要举办什么类型的活动？ （2）该活动的主要内容有哪些？
why 为什么		（1）举办该活动是为了实现哪些目标？ （2）该活动对于参加者来说具有哪些作用？
how to do 怎么做		（1）在活动开始前，要做好哪些必要的准备工作？ （2）具体的活动流程怎么安排？各环节之间如何衔接？ （3）如何应对突发状况？
how much 多少钱		该活动的各项经费预算分别是多少？

A 社区老年生日会活动策划与实施的要素

下面以 A 社区举办的老年生日会活动为例，对该老年活动策划与实施的要素进行分析，具体如表 2-2 所示。

表 2-2　A 社区老年生日会活动策划与实施的要素

要素		具体内容
who 谁	谁举办	（1）该活动由 A 社区主办。 （2）A 社区老年服务中心的小杨负责本次活动。 （3）该活动的现场共有 3 名工作者（包括 1 名主持人）。
	谁参加	（1）A 社区当月过生日的所有老年人及其家属均可参加活动。 （2）该活动不适合重度失能老年人参加。 （3）适合参加该活动的人数为 15—20 人。
when 什么时间		（1）该活动在每月第一个周六的 14:00—15:30 举办。 （2）该活动持续时间为 1.5 小时，中间休息 20 分钟。
where 什么地点		（1）该活动在 A 社区老年服务中心 102 室举办。 （2）活动场地约为 40 平方米，配有休息室和卫生间，无须进行特殊布置。
what 做什么		（1）该活动为分享类活动。 （2）该活动的主要内容包括工作者为老年人送上生日祝福、邻里之间分享日常生活等。

续表

要素	具体内容
why 为什么	（1）活动目标如下：① 扩大老年人的社交圈，促进老年人社会参与；② 了解社区居民的实际需求，增强居民对社区的归属感。 （2）举办该活动能够为辖区内老年人提供交流平台，让老年人享受晚年生活的乐趣。
how to do 怎么做	（1）在活动开始前，要做好以下准备工作：① 提前收集过生日的老年人的资料，邀请这些老年人及其家属参加活动；② 根据参加者人数购买活动所需物资；③ 仔细排查活动场地内的安全隐患。 （2）活动流程如下：① 14:00—14:15，参加者全部入座后，工作者引导大家进行自我介绍；② 14:15—14:25，播放歌曲《生日快乐》，歌曲播放结束后，为过生日的老年人送上生日祝福和礼物；③ 14:25—15:20，参加者分享日常生活中的趣事；④ 15:20—15:30，工作者对此次活动进行简单总结，现场所有人员合影留念。 （3）如果播放设备出现故障，可用备用设备代替；如果参加者情绪波动大或出现其他紧急情况，可根据具体情况调整活动安排或停止活动。
how much 多少钱	生日礼物费用为 30 元/人，具体金额根据过生日的老年人的数量确定

三、老年活动策划与实施的原则

在策划与实施老年活动时，应遵循需求导向原则、激发兴趣原则、安排合理原则、确保安全原则。

（一）需求导向原则

在策划与实施老年活动时，应始终以满足老年人的需求为出发点，包括精神需求、健康需求等方面。例如，如果老年人希望通过参加活动强身健体，工作者就可以根据其需求策划运动类老年活动。

在老年活动中，老年人通常有哪些需求？请举例说明。

（二）符合兴趣原则

在策划与实施老年活动时，应抓住老年人的兴趣，使活动主题和活动内容富有吸引力，以吸引老年人积极参加。例如，如果老年人热爱跳广场舞（见图 2-1），可以为其设计具有原创性与趣味性的广场舞表演活动，以增强老年人的参与感、体验感和获得感。

图 2-1　跳广场舞

（三）安排合理原则

安排合理原则主要体现在时间合理与难度合理两个方面。

1．时间合理

时间合理主要包括以下三个方面：

（1）活动举办时间合理。工作者既可以结合各种节日来策划与实施老年活动，如“七夕佳节——金婚伴侣讲述浪漫爱情故事”“浓情迎腊八・粥暖老人心”等；也可以结合时事热点来策划与实施老年活动，如“‘喜迎二十大’老年书画展”“‘改革开放45周年’老年合唱活动”等。需要注意的是，如果要邀请老年人家属，则最好将活动时间安排在节假日；如果要邀请其他嘉宾，还应考虑其他嘉宾的时间安排。

适合举办老年活动的节日

工作者可以结合中国传统节日策划与实施老年活动，如春节（农历正月初一）、元宵节（农历正月十五）、端午节（农历五月初五）、七夕（农历七月初七）、中秋节（农历八月十五）、重阳节（农历九月初九）、腊八节（农历十二月初八）、除夕（农历一年的最后一天）等。此外，工作者还可以结合各类其他节日策划与实施老年活动，如表2-3所示。

表2-3　适合举办老年活动的其他节日

月份	节日
1	元旦（1月1日）
2	世界癌症日（2月4日）、情人节（2月14日）
3	全国爱耳日（3月3日）、学雷锋纪念日（3月5日）、妇女节（3月8日）、植树节（3月12日）
4	世界卫生日（4月7日）、世界帕金森病日（4月11日）、世界读书日（4月23日）
5	国际劳动节（5月1日）、国际护士节（5月12日）、母亲节（5月第二个周日）、全国助残日（5月第三个周日）

续表

月份	节日
6	全国爱眼日（6月6日）、世界食品安全日（6月7日）、父亲节（6月第三个周日）
7	党的生日（7月1日）
8	建军节（8月1日）、全民健身日（8月8日）
9	教师节（9月10日）
10	国庆节（10月1日）、全国高血压日（10月8日）
11	全国消防日（11月9日）
12	全国法制宣传日（12月4日）

（2）活动持续时间合理。工作者应根据活动类型和强度、参加者的年龄和身体状况等确定活动持续时间。一般来说，老年活动持续时间不宜太长，如果超过 1 小时，则应安排中间休息时间。

（3）活动时间分配合理。工作者应合理分配活动各环节所需时间，还应留出适当的自由活动时间和应对突发状况的时间。

2．难度合理

若活动难度过高（如活动内容过于复杂、活动强度过大），则会使老年人产生畏难情绪，从而影响其参加活动的积极性；若活动难度过低，对老年人来说缺乏挑战性，则会使老年人缺乏成就感，从而使活动效果大打折扣。因此，工作者应根据老年人的文化程度、身体状况等策划与实施难度合理的老年活动。

工作者带领八旬老年人制作节气布贴画

2023 年 7 月 23 日恰逢大暑，上海市徐汇区某老年福利院开展以大暑节气为主题的布贴画制作活动，应时应景。该活动难度适中，老年人们积极参与，乐在其中。

参加活动的 10 位老年人平均年龄超过 86 岁，但依然精神焕发。工作者首先带领老年人们做热身运动，老年人们根据工作者的示范，一边踮脚一边拍打或按摩穴位。福利院的金主任说，做热身运动有助于老年人提高身体素质、降低患病风险。

随后，在工作者的悉心指导下，老年人们充分发挥想象力和创造力，将手中的布料拼贴成一幅幅充满童趣的大暑节气图。创作完成后，老年人们颇有成就感，有的老年人还饶有兴致地用彩笔为画中人物勾勒五官。参加活动的朱爷爷表示，他经常参加福利院组织的此类活动，动手创作的过程不仅让人感到愉快，也有益身心。

资料来源：殷志军、李瑾琳、沈烨文．大暑节气，这些高中生志愿者教长者做布贴画！[EB/OL].（2023-07-25）．上海科普网．

（四）确保安全原则

确保安全是老年活动顺利进行的基础，主要包括以下两个方面：

（1）确保活动内容安全，避免让老年人进行具有安全隐患的操作。例如，在老年园艺活动中，应避免让老年人使用大型修枝剪（见图 2-2）、除草机（见图 2-3）、电锯等。

图 2-2　大型修枝剪

图 2-3　除草机

（2）确保活动现场安全。主要包括以下几个方面：① 确保活动场地符合安全标准；② 对活动场地的设施设备（尤其是临建设施，如舞台等）严格进行安全检查，确保其能正常使用且不会造成人员伤害；③ 密切关注活动现场的动态，及时处理各种突发状况，防止因意外停电、恶劣天气等出现安全事故。

任务实施

分析老年活动策划与实施的要素

【任务描述】

H 养老院拟策划“燃动活力，乐享银龄”老年人趣味游戏活动，主要信息如下：

（1）参加对象：H 养老院自愿参加活动的能力完好的老年人，限额 30 人；工作者 7 人，其中包括主持人 1 人、医护人员 1 人。

（2）活动时间：2024 年 2 月 28 日 9:30—11:00。

（3）活动地点：H 养老院 101 活动室。

（4）活动目标：① 丰富老年人的日常生活，促进老年人身心健康；② 引导老年人保持积极向上的生活态度，培养团结友爱、互助合作的品质。

（5）活动内容：包括“击鼓传花”“反指令游戏”“正话反说”三个游戏。游戏结束后，参加者分享游戏心得。

（6）经费预算：礼品（优胜奖礼品 9 个，参与奖礼品 21 个）费用 120 元。

请以小组为单位，根据上述活动信息分析该活动策划与实施的要素。

【实施流程】

（1）学生自由分组，每组 6—8 人，并选出一名小组长。

（2）小组长组织小组成员对上述活动信息进行分析，并查找资料，完善“击鼓传花”“反指令游戏”“正话反说”的游戏规则，然后确定活动流程，将该活动策划与实施的要素填入表 2-4 中。

表 2-4　H 养老院“燃动活力，乐享银龄”老年人趣味游戏活动策划与实施的要素

要素		具体内容
who 谁	谁举办	
	谁参加	
when 什么时间		
where 什么地点		
what 做什么		
why 为什么		
how to do 怎么做		
how much 多少钱		

（3）教师对各小组所填内容进行点评。

任务二　策划老年活动

任务导入

为了确保绝大多数老年人都能参加活动，小孙决定策划一次“浓情端午·粽叶飘香”端午节主题活动，并邀请愿意参加活动的老年人家属一起参加。小孙确定的活动目标如下：① 了解端午节，感受端午节丰富的文化内涵，弘扬中华优秀传统文化；② 提高老年人的动手能力，增进院内老年人之间的感情。

为了实现上述目标，小孙计划将这次活动分为以下三个环节：①“话端午，我最行”。随机抽取 5 名参加者，请他们讲述与端午节有关的故事或描述自己眼中的端午节。② 包粽子比赛。为参加者提供粽叶、糯米、肉、蛋黄、豆沙等材料，让参加者分

组进行包粽子比赛。③ 趣味活动“篮球进筐”。准备篮球和塑料筐，将塑料筐放在距离执球点 3 米的位置，让参加者将篮球投入塑料筐，在 2 分钟内能投中 5 次的参加者均可获得一个香囊作为奖品。

最后，小孙撰写了老年活动策划方案。

思考：

（1）如何策划老年活动？

（2）老年活动策划方案的内容有哪些？

（3）小孙确定的活动目标和活动流程是否合理？如果不合理，应如何改进？

一、老年活动调研

（一）老年活动调研的内容

老年活动调研是指采用科学的方法有目的地搜集老年人和组织单位的有关信息的过程。由此可知，老年活动调研的内容主要包括老年人与组织单位两个方面。

1．老年人

对老年人进行调研，是为了了解老年人的具体情况，包括老年人的基本情况（如籍贯、宗教信仰、文化程度、婚姻状况、职业经历、兴趣爱好、性格、家庭情况等）、健康状况、需求等。此外，工作者还要借助各种评估工具或通过直接观察老年人的言行来评估老年人的自理能力、基础运动能力、精神状态、感知觉与社会参与，以判断老年人能否参加活动、适合参加哪些类型的活动等。调研完成后，将调研结果以表格的形式汇集、整理，如表 2-5 所示。

表 2-5　针对老年人的调研结果

<table>
<tr><td rowspan="10">基本情况</td><td>姓名</td><td></td><td>出生年月</td><td></td><td>性别</td><td>□男　□女</td></tr>
<tr><td>籍贯</td><td colspan="2"></td><td>宗教信仰</td><td colspan="2">□无　□有（注明：　　）</td></tr>
<tr><td>文化程度</td><td colspan="5">□文盲　□小学　□初中　□高中/技校/中专　□大学专科及以上　□不详</td></tr>
<tr><td>婚姻状况</td><td colspan="5">□未婚　□已婚　□离婚　□丧偶　□不详</td></tr>
<tr><td>职业经历</td><td colspan="5"></td></tr>
<tr><td>兴趣爱好</td><td colspan="5">□唱歌　□跳舞　□绘画　□戏曲表演　□看影视剧
□阅读　□棋牌　□书法　□养花种草　□喂养宠物
□旅游　□健身　□投资　□摄影摄像　□手工制作
□其他（注明：　　）</td></tr>
<tr><td>性格描述</td><td colspan="5"></td></tr>
<tr><td rowspan="3">家庭情况</td><td colspan="2">家属</td><td colspan="3"></td></tr>
<tr><td colspan="2">家属对老年活动的期待</td><td colspan="3"></td></tr>
<tr><td colspan="2">家属的空闲时间</td><td colspan="3"></td></tr>
</table>

续表

<table>
<tr><td rowspan="3">健康状况</td><td>能力等级</td><td colspan="3">□能力完好　□能力轻度受损（轻度失能）　□能力中度受损（中度失能）
□能力重度受损（重度失能）　□能力完全丧失（完全失能）</td></tr>
<tr><td>用药情况</td><td colspan="3"></td></tr>
<tr><td>所需辅具</td><td colspan="3">□拐杖　□轮椅　□助行架　□助听器　□其他（注明：　　　）</td></tr>
<tr><td rowspan="2">需求</td><td>服务类</td><td colspan="3">□心理疏导　□康复理疗　□营养改善　□法律援助　□养生保健
□人际沟通　□环境适应　□深入评估　□资源链接　□亲朋探望
□其他（注明：　　　）</td></tr>
<tr><td>活动类</td><td colspan="3">□运动类　□益智类　□展示类　□操作类　□学习类
□分享类　□观赏类　□其他（注明：　　　）</td></tr>
<tr><td rowspan="2">最终印象</td><td>对活动的兴趣</td><td colspan="3">□兴趣浓厚　□兴趣一般　□无所谓　□可培养兴趣　□无兴趣</td></tr>
<tr><td>适合参加的活动类型</td><td colspan="3">□运动类　□益智类　□展示类　□操作类　□学习类
□分享类　□观赏类　□其他（注明：　　　）</td></tr>
<tr><td colspan="2">调研人员</td><td></td><td>调研日期</td><td></td></tr>
</table>

视野拓展

老年人能力评估指标

根据《老年人能力评估规范》（GB/T 42195—2022），老年人能力评估的一级指标共4个，包括自理能力、基础运动能力、精神状态、感知觉与社会参与；二级指标共26个，包括8个自理能力指标、4个基础运动能力指标、9个精神状态指标、5个感知觉与社会参与指标，如表2-6所示。

表2-6　老年人能力评估指标

一级指标	二级指标
自理能力	进食、修饰、洗澡、穿/脱上衣、穿/脱裤子和鞋袜、小便控制、大便控制、如厕
基础运动能力	床上体位转移、床椅转移、平地行走、上下楼梯
精神状态	时间定向、空间定向、人物定向、记忆、理解能力、表达能力、攻击行为、抑郁症状、意识水平
感知觉与社会参与	视力、听力、执行日常事务、使用交通工具外出、社会交往能力

2．组织单位

组织单位是指负责老年活动相关事宜的单位。在大型老年活动中，为了明确职责，通常会设置主办单位、承办单位和协办单位。其中，主办单位是老年活动的发起者和主导者，主要负责组织与指导工作，并对活动效果负责；承办单位接受主办单位的委托，负责老年活动的策划与实施工作，并对活动的具体过程负责；协办单位在老年活动中为主办单位和承办单

位提供支持和帮助。

对组织单位进行调研，主要是为了了解组织单位的现状和需求。在调研过程中，要清楚地了解以下问题：① 该组织单位拥有哪些人力、物力？② 该组织单位举办过哪些活动？取得了哪些成效？③ 该组织单位目前存在哪些问题？可能会对举办老年活动造成哪些障碍？

课堂互动

小刘刚到某乡镇敬老院工作。该敬老院有50名老年人，他们大多是留守老人，文化程度不高，也不会使用通信设备与他人交流，所以日常生活比较单调。小刘打算丰富老年人们的生活，便策划了一场绘画作品鉴赏会，还邀请了当地小有名气的画家来与老年人们交流。但活动当天，老年人们只是简单看了看活动室内的绘画作品，便毫无兴致地离开了。

请问：小刘策划的活动为什么会以失败告终？

（二）老年活动调研的方法

常用的老年活动调研方法有观察法、访谈法、问卷法。

1. 观察法

观察法是指在现场直接观察或借助仪器观察调研对象，从而获得有关信息的方法。工作者可以采用观察法了解活动场地的实际情况、老年人的活跃程度、老年人之间的互动关系等。其优点是可以客观地反映调研对象的实际情况，所得信息较真实；缺点是所需时间较长，无法得知老年人的动机、态度等内在因素。

2. 访谈法

访谈法又称访问法，是指采用交谈的方式向调研对象了解情况的方法。访谈法包括面对面访谈法和电话访谈法。

和老年人访谈时的注意事项

面对面访谈法是指与调研对象面对面地交谈，从而获得有关信息的方法。采用面对面访谈法时，工作者既可以采用个别访谈的形式，也可以采用集体访谈的形式。其优点是灵活性强，可以快速得到反馈，所得信息较真实；缺点是对调研人员的素质要求较高，成本和效率难以控制。

电话访谈法是指通过电话与调研对象交谈，从而获得有关信息的方法。其优点是可以节省调研成本；缺点是调研内容和调研深度有限，难以辨别所得信息的真伪，拒访率较高。

3. 问卷法

问卷法是指以问卷的形式向调研对象提问，然后通过分析其答案来获得信息的方法。其优点是调研范围较广，便于控制调研内容和调研过程，可以获得较为真实、客观的信息；缺点是对调研对象的文化程度与个人能力有一定要求，调研深度有限。采用问卷法时，应注意控制问卷的长度，将调研内容限定在调研对象能够理解的范围内，使用符合调研对象习惯的问题表述方式。

在调研之前，应从人力、物力、财力等多方面考虑，根据调研目的确定调研方法，也可以综合采用多种方法进行调研。

二、确定老年活动目标

老年活动目标是指在举办老年活动时希望达到的预期效果。工作者应根据老年人的年龄、需求、个人能力和老年活动的类型等确定活动目标。

（一）老年活动目标的维度

一般来说，老年活动目标包括知识目标、技能目标和情感目标三个维度。

1．知识目标

知识目标主要用来明确老年人在活动中要学习的知识，其常用引导词有“理解”“领会”“知道”“懂得”“了解”“熟悉”等。该目标主要包括以下三种：① 学科知识目标，如“了解主要的书法流派及其代表作品”；② 意会知识目标，如“知道保护眼睛的重要性，不在光线过亮或过暗的环境中看书”；③ 信息知识目标，如“知道基本的安全常识”。

2．技能目标

技能是指通过练习形成的、完成某种任务所必需的能力，技能目标的常用引导词有“能够”“学会”“提高”等。该目标主要包括以下两种：① 动作技能目标，如“能剪出 4 个手拉手的小人”“学会原地颠球”；② 智力技能目标，包括感知、记忆、想象、思维、推理等方面的技能目标，如“能够识别不同种类的植物叶片”。

3．情感目标

情感目标用来明确老年人在活动中获得什么样的情感体验，其常用引导词有“体验”“感受”“坚持”“热爱”“认可”“喜欢”“乐于”“具有”等，如“体验扎染的乐趣”“感受春节的热闹气氛与传统年俗的独特魅力”“具有团结奋进的精神面貌”等。

一次活动的目标不一定要囊括以上三个维度，一般只需包含一个或两个维度即可。

（二）老年活动目标的表述要求

在表述老年活动目标时，要做到以下几点。

1．具体、明确

老年活动的目标应具体、明确，具有较强的针对性，能让工作者确定活动实施的方向，为活动评估提供依据。例如，“掌握用双脚夹物连续向前跳的动作要领，并且能连续跳 10 米以上的距离”比“能用双脚夹物，平稳地向前跳”更加具体、明确。

2．以结果为导向

老年活动的目标应以结果为导向，体现老年人参加活动后应发生的改变，不宜用活动的过程、内容、方法等作为活动目标。例如，在插花活动中，不宜将活动目标设置为“引导老年人构思插花的造型”，而应将活动目标设置为“使老年人能够独立完成插花”。

3．角度统一

老年活动中有工作者和老年人两个方面的主体。在表述活动目标时，可以从工作者的角度出发，表述工作者期望达到的活动效果，如“帮助老年人掌握编织能力”“激发老年人对体育锻炼的兴趣”等；也可以从老年人的角度出发，表述老年人能做到的和感受到的内容，如“学会扫码付款”“感受健身操的乐趣”等。

工作者小丁为某社区的老年人策划了一次“老有所学，玩转智能手机”活动，下面是他确定的活动目标：

（1）了解智能手机的基本功能。

（2）引导老年人学习智能手机的基本操作方法。

（3）享受网络时代的精彩生活，实现老有所学、老有所乐。

请问：小丁确定的活动目标合理吗？如果不合理，应如何修改？

三、设计老年活动流程

（一）老年活动的一般流程

一般来说，老年活动的流程包括准备阶段、导入阶段、开展阶段、表现阶段，如图 2-4 所示。

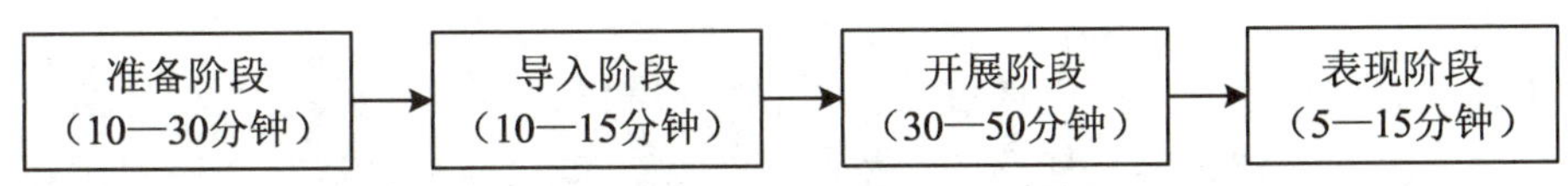

图 2-4　老年活动的一般流程

（1）准备阶段是指活动正式开始前，老年人、工作者、嘉宾等到达活动场地，做好活动准备的阶段。该阶段一般持续 10—30 分钟，包括老年人签到、入场、领取物资，工作者调试设备、就位等环节。

（2）导入阶段是指活动刚开始时的阶段，其主要任务是激发老年人对活动的兴趣，减轻老年人的心理压力。该阶段一般持续 10—15 分钟，包括主持人对活动进行简单介绍、热身游戏等环节。

（3）开展阶段是指正式实施主要活动的阶段，其主要任务是实现活动目标。该阶段一般持续 30—50 分钟，包括老年人参加活动、工作者维持活动秩序等环节。在该阶段，工作者应适当对老年人加以引导，待老年人熟悉活动内容之后再逐步退出，让老年人自主完成活动。

（4）表现阶段是指在主要活动结束后，老年人表现自己的阶段。其主要任务是增强老年人的参与感，帮助工作者了解活动效果。该阶段一般持续 5—15 分钟，包括自我展示、自由互动等环节。

黎锦苑社区开展“微孝行动”

2022 年 11 月 12 日，长沙市雨花区黎锦苑社区与多家单位联合开展了“微孝行动”——微孝家庭运动会之健步走活动。

等老年人们都到场后，工作者带领老年人们进行热身运动，老年人们瞬间情绪高涨，一起活动筋骨。热身结束后，工作者为老年人们示范健步走的动作要领，随后老年人们便迈着矫健的步伐，昂首挺胸，浩浩荡荡地环绕社区进行健步走。队伍行走了 5 圈，全程大约 3 千米，一路上欢声笑语不断。在健步走过程中，老年人们会途经社区的文化广场，工作者在这里设置了“趣味问答”环节，题目内容涵盖老年人健康养生、垃圾分类、蓝天保卫战等多个方面。

活动最后，参加活动的老年人们纷纷表示很高兴参加此次活动。唐奶奶说：“我很喜欢运动，社区举办的这项活动很好，有助于促进我们的身心健康。”常奶奶说：“我非常喜欢社区组织的健身活动，今天能和老姐妹们一起活动活动筋骨、出出汗，真是痛快！”

资料来源：聂碧莹、李畅. 雨花区黎锦苑社区：微孝行动·黎锦苑老年朋友玩转时髦运动[EB/OL].（2022-11-13）. 华声在线.

（二）设计技巧

在设计老年活动流程时，可以通过设置讨论、投票、游戏、抽奖等互动环节，为老年人创造交流机会，提高老年人参与活动的积极性。例如，可以在剪纸活动中设置游戏环节，如表 2-7 所示。

表 2-7　在剪纸活动中设置游戏环节

时间	游戏内容	
9:30—9:35	分组	老年人们自由分组，每组 2 人
9:35—9:40	规则说明	主持人说明游戏规则：每组中的一位老年人观看投影仪上的动物剪纸图案（见图 2-5），并通过肢体语言或叫声模仿该动物；另一位老年人背对投影仪，猜测动物的名称，并说出包含此动物名称的成语。游戏形式如图 2-6 所示。 图 2-5　动物剪纸图案　　图 2-6　游戏形式
9:40—10:05	正式游戏	老年人们根据分组情况依次进行游戏（模仿动物表演是活跃气氛的关键，因此可以邀请较活跃的老年人进行表演）
10:05—10:10	游戏结束	主持人点评各小组的表现，每小组选择一只动物作为此次剪纸活动的主题，开始进行剪纸活动

四、撰写老年活动策划方案

老年活动策划方案是获得各种资源支持、与各部门进行沟通与协作的依据。老年活动策划方案没有固定的格式，但一般包括以下内容。

（一）活动名称

活动名称是对活动内容的高度概括，应具体、清晰、简洁、朗朗上口。活动名称的形式主要有以下几种：

（1）主标题+副标题：主标题说明活动的中心或主旨，副标题一般是对具体活动内容的补充说明，如“活力四射 • 阳光养老——H 养老院沙滩竞走活动”“播种春天 • 邂逅园艺——老年人园艺活动”“常回家看看，用关爱点亮夕阳——重阳节暨家庭聚会日活动”。

（2）限定部分+基本部分：限定部分说明活动的时间、地点、人员、规模等，基本部分说明活动的性质或类型。例如，“A 社区首届老年人运动会”中的“A 社区”和“首届”是限定部分，“老年人运动会”是基本部分。

（3）事由+性质：事由说明活动的内容或目的，性质说明活动的类型或形式，如“老有所学事迹分享活动”“老年人心理健康知识宣传活动”。

课堂互动

为了防止辖区内老年人偏听偏信一些保健品推销人员的虚假宣传，某社区计划在世界食品安全日针对辖区内老年人举办一场有关食品卫生与安全的知识讲座。

请采用上述三种活动名称的形式，为该社区拟定活动名称。

（二）活动目标

介绍举办老年活动要解决的问题、对老年人的作用等，重点写出本次活动的独到之处。

（三）参加对象

明确参加对象的特征（如居住区域、年龄、性别、身体状况、特长、兴趣爱好、文化程度等）与适宜人数，说明是否有特殊要求。

（四）活动时间

列出举办活动的日期、起止时间，如“2024 年 3 月 28 日 14:00—15:30”。如果举办系列活动，还要明确列出每次活动的具体时间。

（五）活动地点

明确写出举办活动的具体地点，且尽可能提供现场布置图（见图 2-7）。要尽量选择老年人比较熟悉或容易到达的活动地点；如果到达活动地点需要乘坐公交车、地铁等公共交通工具，最好提供清晰的交通路线。

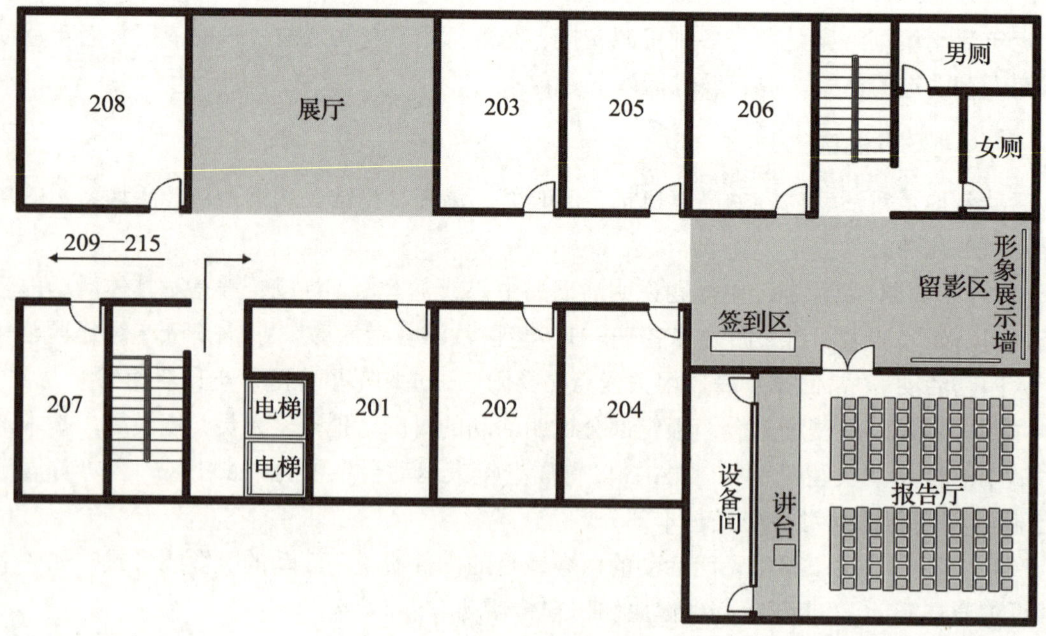

图 2-7　现场布置图示例

（六）报名事项

对于需要老年人自己报名的活动，应明确写出具体的报名事项，如报名时间、报名方式、联系人、联系方式等。

（七）组织单位

明确写出活动的主办单位、承办单位、协办单位等所有组织单位的名称。

（八）人员安排

明确人员安排和分工，制订工作安排表，这样有助于活动的顺利开展。一般来说，根据工作职责的不同，工作者可以分为以下几种：

（1）调研人员：负责调研老年人的基本情况，了解其参加活动的意愿、对活动的需求，统计参加者人数等。

（2）监控人员：负责监控现场工作者的准备情况、参加者的到场情况，并与各部门进行沟通，解决工作者与参加者提出的问题。

（3）记录人员：负责记录活动的全过程，通常以拍照、录像等方式进行记录。

（4）安保人员：负责活动现场的安全保卫工作，对突发状况进行紧急处理。

（5）医护人员：负责对活动现场的患者、伤者进行检查和急救处理。

（6）后勤人员：负责活动场地布置、资料打印、人员用餐安排、车辆调度等。

（九）活动流程

明确写出本次活动的具体流程，可以表格的形式列出。

（十）经费预算

根据实际情况列出各项费用的金额和预算依据，以帮助主办单位了解活动所需经费。一般来说，老年活动经费主要包括外聘人员费用、场地费、食宿费、交通费、服装费、公杂费、宣传费、预备费等，如表 2-8 所示。

表 2-8　老年活动经费的构成

项目	内容
外聘人员费用	聘请专业人员（如教练、园艺师、烘焙师等）的费用和志愿者补贴费用
场地费	活动场地的租金
食宿费	活动期间发生的用餐费用和住宿费用
交通费	活动期间发生的交通费用，不包括非主办单位统一安排的参观、游览活动中所花费的交通费用
服装费	购买或租赁活动服装的费用
公杂费	购买活动道具、奖品、休闲食品等的费用
宣传费	制作宣传单、海报、横幅等的费用，举办新闻发布会的费用等
预备费	为应对意外情况预留的备用资金，一般占总费用的 5%—10%

（十一）应急预案

列出活动中可能出现的突发状况及其预防与应对措施。一般来说，老年活动中可能出现的突发状况包括嘉宾迟到或缺席，参加者无法跟上活动进度或受伤，参加者发生争执，出现影响活动的天气变化，等等。

（十二）其他事项

明确列出活动中涉及的其他需要注意的事项。

小贴士

在撰写老年活动策划方案时，如果遇到难以用文字描述清楚的情况，可以用图片进行补充说明，如图 2-8 所示。

活动中所需的吸水花泥、插花用花篮、花签、卡片等物品如下图所示。

吸水花泥 　插花用花篮 　花签 　卡片

图 2-8　用图片进行补充说明

同步案例

庆中秋，迎国庆——H 养老院国庆节系列文艺活动策划方案

1. 活动名称

庆中秋，迎国庆——H 养老院国庆节系列文艺活动。

2. 活动目标

（1）加强老年人之间、老年人与家属之间的交流，促进老年人社会参与。

（2）为老年人提供展示才艺的机会，促使其实现自我价值。

（3）弘扬爱国精神和传统文化，丰富老年人的精神文化生活。

3. 参加对象

H 养老院内的老年人及其家属，限额 100 人。所有活动都不适合完全失能老年人参加，部分活动不适合重度失能老年人参加。

4. 活动时间

2023 年 10 月 1 日 14:30—16:00。

5. 活动地点

××市××区××路 369 号××剧院（H 养老院东侧约 300 米）108 室。

6. 报名事项

报名时间：2023 年 9 月 14 日至 25 日。

报名方式：至 H 养老院综合楼一楼服务台或登录 H 养老院官方网站报名。

联系人：杜先生。

联系方式：××××-×××××××××。

7. 组织单位

主办单位：H 养老院。

协办单位：××市××区健美操协会、××市××区葫芦丝协会。

8. 人员安排

人员安排如表 2-9 所示。

表 2-9　人员安排

工作	具体内容	负责人
调研	（1）编制调查问卷，进行问卷调查。 （2）根据调查结果分析老年人参加活动的意愿。	赵××
人员筹备	招募并培训 15 名志愿者	黄××
物资筹备	（1）根据活动奖项购买奖品、纪念品。 （2）购买活动服装、休闲食品等。	王××
场地筹备	（1）租赁场地。 （2）打扫场地。 （3）布置场地。	杨××
宣传	（1）在日常活动中向老年人宣传。 （2）通过院内宣传栏宣传。 （3）活动现场拍摄。 （4）发布新闻稿。	张××

9. 活动流程

活动流程如表 2-10 所示。

表 2-10　活动流程

时间	活动内容	表演者
14:30—14:45	热身游戏	所有参加者
14:45—14:55	独唱：《但愿人长久》	H 养老院的养老护理员小王
14:55—15:05	双簧表演：《庆国庆》	H 养老院的 2 位老年人

续表

时间	活动内容	表演者
15:05—15:15	健美操表演：《最美的太阳》	××市××区健美操协会成员（5人）
15:15—15:25	诗朗诵：《祖国啊，我亲爱的祖国》	H养老院的20位老年人
15:25—15:35	葫芦丝表演：《阿里山的姑娘》《月光下的凤尾竹》《彩云之南》	××市××区葫芦丝协会成员（5人）
15:35—15:50	抽奖，颁发奖品	
15:50—16:00	合影	

10．经费预算

经费预算如表2-11所示。

表2-11　经费预算

项目	金额/元	预算依据
外聘人员费用	750	志愿者补贴费用为每人50元/天，共计750元
场地费	1 500	活动场地租赁费用共计1 500元
服装费	800	（1）主持人礼服租赁费用共计50元。 （2）健美服租赁费用为30元/套，共5套，共计150元。 （3）正装（用于诗朗诵节目）租赁费用为30元/套，共20套，共计600元。
公杂费	1 300	（1）奖品10件，30元/件，共计300元。 （2）纪念品100件，10元/件，共计1 000元。
宣传费	50	横幅1条，共计50元
预备费	400	
总计	4 800	

11．应急预案

应急预案如表2-12所示。

表2-12　应急预案

突发状况	预防与应对措施
老年人参与度不高	加大宣传力度，宣传时把活动目标和活动内容描述清楚，突出活动的亮点
各环节之间衔接不畅	（1）在每个环节配备相应的志愿者，安排其做好人员组织工作。 （2）合理预留入场和退场时间。 （3）科学设计现场动线，确保表演者入场和退场路线不同，提高入场和退场的效率。
各环节的时间不确定	（1）做好节目彩排工作。 （2）如果节目表演完仍有充裕时间，可以增加游戏环节。

12．其他事项

活动前要仔细评估老年人的能力和身体状况。

任务实施

撰写老年活动策划方案

【任务描述】

以小组为单位，根据本项目任务一任务实施中的信息撰写老年活动策划方案。

【实施流程】

（1）学生根据本项目任务一任务实施中的分组情况进行分组。

（2）小组长组织小组成员分析老年活动策划方案的各项内容，然后撰写策划方案。要求：进一步丰富活动目标，使策划方案结构完整、逻辑清晰、内容合理。

（3）小组长以 PPT 的形式展示并讲解本小组撰写的策划方案。

（4）教师对各小组的表现进行点评，然后评选出一份最优的策划方案。

任务三　实施老年活动

任务导入

H 养老院的赵组长在老年活动实施方面拥有非常丰富的经验，这次的端午节主题活动由她负责实施。赵组长在实施本次活动之前，先认真阅读了小孙撰写的策划方案，然后做了以下工作：

（1）人员筹备。由于此次活动规模较大，赵组长招募了 10 名志愿者，并对其进行培训、分工。

（2）物资筹备。购买用于包粽子的材料、彩带、气球、香囊等。

（3）场地筹备。安排后勤人员打扫、布置 102 活动室，用于举办“话端午，我最行”活动，并将 102 活动室的座椅布置成“U”式；打扫、布置 104 活动室，用于举办包粽子比赛，并将 104 活动室的座椅布置成线式；打扫、布置 101 活动室，用于举办“篮球进筐”活动，并将 101 活动室的座椅靠墙摆放，留出足够大的活动空间。

（4）活动宣传。端午节前一周，在养老院食堂门口设置活动宣传咨询点，向老年人发放宣传单并进行口头宣传，以吸引老年人参加活动；活动过程中，邀请记者进行现场报道；在活动结束后，撰写宣传稿，并将其发布在 H 养老院官方网站和公共社交平台上。

（5）活动现场管理。密切关注活动现场，维护现场秩序，及时处理突发状况。

在所有工作者的共同努力下，本次端午节主题活动顺利举行。

思考：

（1）老年活动筹备工作有哪些？

（2）如何进行老年活动宣传？

（3）在老年活动中，如何进行现场管理？

实施老年活动是将活动策划方案付诸实践的过程，其顺利与否直接关系到老年人的需求能否得到满足。在实施过程中，工作者要做好活动筹备、活动宣传、活动现场管理等工作。

一、老年活动筹备

老年活动筹备包括人员筹备、物资筹备、场地筹备等方面。

（一）人员筹备

在现有工作者数量不足的情况下，通常需要招募一定数量的志愿者，以支持活动的顺利开展。

招募志愿者之前，首先应进行岗位分析，以确定所需志愿者的数量，再拟定、发布招募公告。招募公告中应明确列出招募对象与要求、招募人数、服务内容、报名方式等信息。

因为难以保证志愿者在活动当天全部到场，所以招募人数要比实际需求的人数稍多一些。

志愿者接受基本培训后，才可以从事老年活动工作。志愿者培训的内容包括老年活动基本信息（如组织单位、活动时间、活动地点、活动流程等）、服务内容、服务时间（即志愿者实际提供志愿服务的时间，以小时为单位计量，不包括往返交通时间）、服务礼仪、与本次老年活动有关的知识和技能、急救常识等。

此外，部分活动还需要邀请或聘请评委、裁判、教师等，工作者应做好相应的人员筹备工作。

你做过志愿者吗？你参加的志愿者培训包括哪些内容？

（二）物资筹备

工作者需要筹备以下物资：

（1）安保类：如警戒带、对讲机、灭火器等。

（2）饮食类：如矿泉水、休闲食品等。

（3）宣传类：如海报（见图 2-9）、宣传单、宣传用礼品（如宣传扇，见图 2-10）、横幅等。

图 2-9　海报

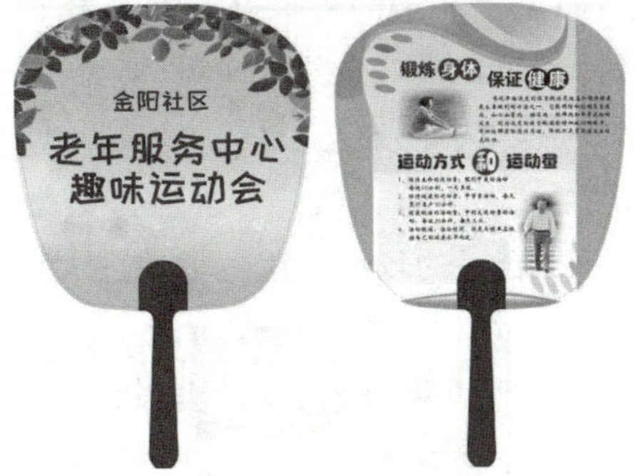

图 2-10　宣传扇

（4）装饰类：如鲜花、绿植、气球、彩带等。

（5）记录类：如签到表、笔记本、笔、摄像机、无人机等。

（6）其他类：如工作证（见图 2-11）、活动服装、活动道具、奖品、纪念品、抽奖箱（见图 2-12）、指示牌等。

图 2-11　工作证

图 2-12　抽奖箱

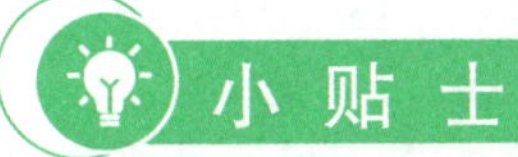

如果从线上购买活动物资，为了确保活动当天能正常使用，应提前下单。如果活动开始前两天还没送达，则应尽快进行线下采购。

（三）场地筹备

场地筹备主要包括场地选择、场地布置和座位安排三个方面。

1. 场地选择

在选择老年活动场地时，应考虑以下几个因素：

（1）活动类型。举办不同类型的老年活动时，应选择不同的场地。例如，举办老年健身操活动时，最好选择较宽敞的室外场地，以便每位参加者都能伸展自如；举办老年读书活动时，最好选择光线充足的室内场地。

（2）参加者人数。参加者人数是决定活动规模的重要因素，工作者应根据参加者人数选择面积合适的场地，避免场地过大造成浪费，或场地过小导致现场拥挤。

（3）场地条件。工作者应综合考虑活动场地的面积、照明条件、通风条件、配套设施设备（如卫生间、投影仪、桌椅）等，确保所选活动场地面积合适、地面平整、出入口和通道宽敞、照明与通风条件良好，且配备有无障碍设施（如无障碍坡道，见图 2-13），等等。

图 2-13　无障碍坡道

（4）参加者到达活动场地的方式。如果参加者需要自行前往，应选择公共交通便利的场地；如果组织单位统一安排交通工具，可以优先选择环境优美的场地。

（5）活动经费。向第三方租赁场地时，应在活动经费预算的范围内选择满足条件的场地。

2. 场地布置

场地布置是老年活动实施过程中不可或缺的环节，直接影响到整个活动的氛围和参加者的体验。布置活动场地时，应注重舒适性、安全性、美观性、实用性。

（1）舒适性。例如，尽量使用柔和的灯光，以营造温馨的氛围；选择舒适的座椅（如扶手椅），以便老年人可以轻松入座和起身。

（2）安全性。例如，在活动场地配备安全设施，如紧急呼叫系统、安全扶手、护栏等；雨天在地面铺设防滑地垫，以防老年人滑倒；在明显位置设置安全警示牌；等等。

（3）美观性。例如，用鲜花、绿植、气球、彩旗、彩带等对活动场地进行装饰（见图 2-14），在墙面悬挂寓意吉祥的装饰画，等等。需要注意的是，装饰应简洁、大方，不宜过于复杂、花哨，更不能堵塞出入口和安全通道。

图 2-14　对活动场地进行装饰

（4）实用性。根据活动内容设置签到区、表演区、展示区、休息区等，尽量做到动静分区。如果空间足够，可以在四周摆放储物柜，用于存放老年人的个人物品。此外，还应设置指示牌、引导标志等，以帮助老年人更好地熟悉活动场地。

3．座位安排

工作者应在确保安全的情况下，根据活动内容和活动场地的实际情况安排座位。常见的座位安排形式有观赏式与互动式两类。

（1）观赏式：座椅面向讲台或舞台成排摆放，如图 2-15 所示。这种形式便于工作者观察老年人的情况、管理活动现场，适用于知识讲座、服装秀、剧目展演等无须参加者之间进行互动的活动。

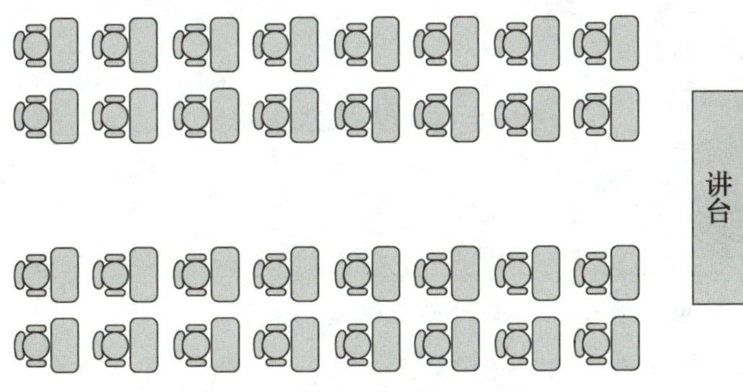

图 2-15　观赏式座位安排形式

（2）互动式：形式较为灵活，座椅通常面对面布置，呈点式、线式、“U”式、“口”式等摆放，如图 2-16 所示。这种形式适用于以促进老年人沟通、合作为目标的活动，如包饺子、下棋、茶话会等。

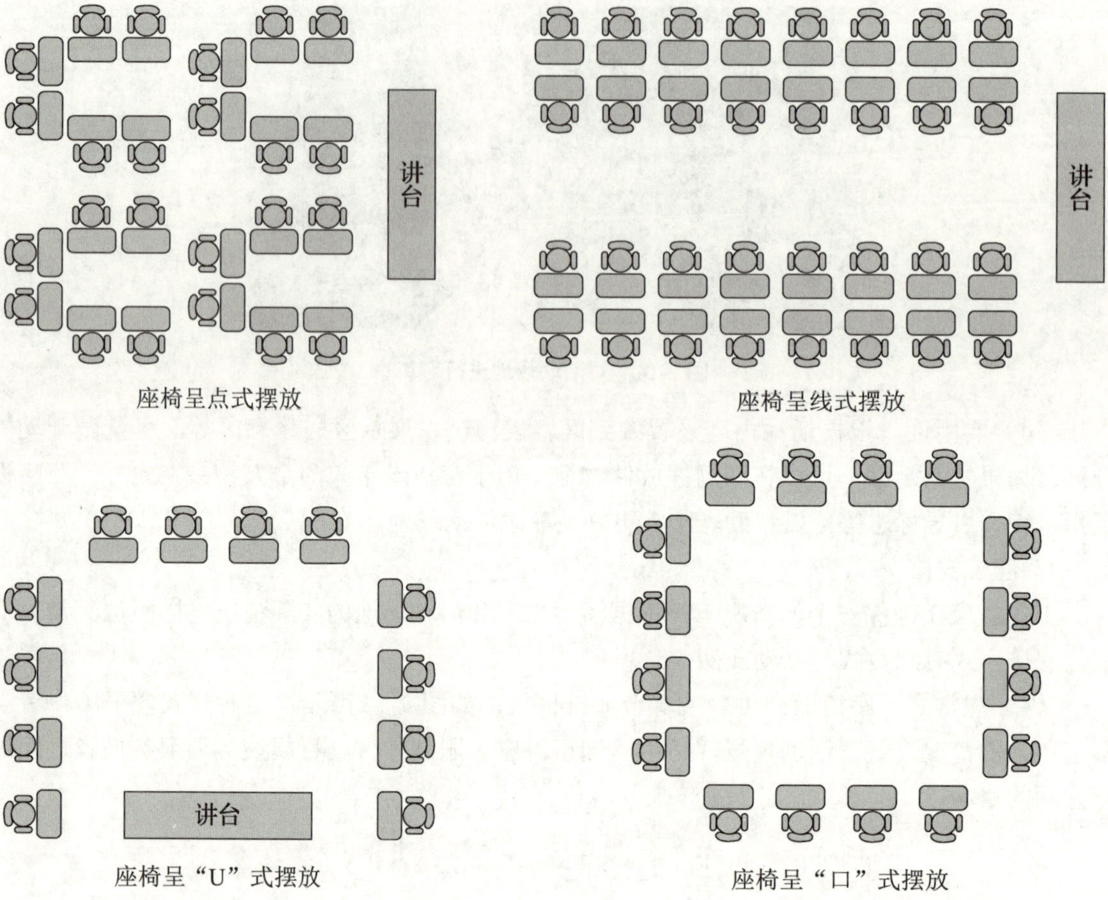
讲台
座椅呈点式摆放
讲台
座椅呈线式摆放
讲台
座椅呈“U”式摆放
座椅呈“口”式摆放

图 2-16 互动式座位安排形式

课堂互动

请判断以下老年活动适合采用哪种座位布置形式：

（1）“三伏天”中医养生科普讲座。

（2）老有所乐，乐在“棋”中。

（3）妙剪生花，巧手化“蝶”。

（4）“潮范儿”迎重阳——老年人时装大赛。

二、老年活动宣传

老年活动宣传可以分为活动前期造势、活动现场宣传、活动后续报道三个阶段，每个阶段的宣传方式有所不同。

（一）活动前期造势

进行活动前期造势，可以吸引更多的参加者和观众，提高活动的曝光度和影响力。活动前期造势的方式主要包括口头宣传和图文宣传。

1. 口头宣传

口头宣传包括提供咨询服务、游说等方式。例如，在人流量较大的地方设置专门的活动宣传咨询点，并配备宣传人员；在一次老年活动即将结束时，向参加者进行下次活动的预告。在大型老年活动中，还可以通过举办新闻发布会等方式进行宣传。

“2024 中老年春节联欢晚会”新闻发布会在京举行

2023 年 8 月 5 日，“2024 中老年春节联欢晚会”新闻发布会及启动仪式在北京举行。据介绍，“2024 中老年春节联欢晚会”以“弘扬中华文化魅力，演绎时代银龄风采”为主题，组委会坚持创新理念、方法、手段，注重将线上与线下、文化与科技相结合，在拓展活动内容和活动方式的同时丰富中老年人的精神文化生活。

2023 年 8 月 5 日起，“2024 中老年春节联欢晚会”正式面向全国中老年人接受报名。为了保证选拔的公正性和专业性，组委会设立了专业评审团，对报名参演的选手进行全面评选。发布会现场，许多关注此次活动的中老年人纷纷表示，期待通过这个平台展示自己的才艺，与全国的中老年人共同分享欢乐时光。

组委会还与全国多地的文旅单位、新闻媒体联合开展文旅、研学、康养等方面的文艺活动，盛情邀请广大热爱文艺表演的中老年人踊跃报名、积极参与。

组委会充分利用各种媒体的力量对本次活动进行广泛宣传，确保活动的影响力和覆盖面达到最大，以吸引更多的中老年人参加。同时，组委会也将为所有参加者提供一系列服务，确保每一位参加者都能在安全的环境中尽展风采。

资料来源：高蕾.“2024 中老年春节联欢晚会”新闻发布会在京举行［EB/OL］.（2023-08-06）. 中国青年网.

2. 图文宣传

图文宣传包括发宣传单、发放宣传用礼品、拉横幅、发邀请函、张贴海报等方式。其中，邀请函中要写清楚活动时间、活动地点、活动内容等，最好写出活动的亮点，以激发被邀请者的兴趣。

老年活动邀请函范例

小贴士

在邀请函中，既可以邀请特定对象，也可以邀请社会公众。将邀请函单独发给特定对象时，应写具体称谓，以示礼貌和尊重；在报刊或网络上公开发布邀请函时，由于邀请对象不确定，可以省略称谓。

（二）活动现场宣传

进行活动现场宣传不仅可以营造活动氛围，提高参加者的投入度，而且可以让非在场人员关注到此次活动。活动现场宣传的方式主要有场地布置、活动口号展示、直播等。

（1）场地布置：用色彩鲜艳的物品对活动场地进行装饰，让参加者情绪更加高昂。

（2）活动口号展示：如在活动现场悬挂印有活动口号的横幅、让参加者穿上印有活动口号的服装（见图 2-17）或喊出活动口号等。活动口号要简明、响亮、符合活动主题。

（3）直播：以图文直播、视频直播的方式全方位展示活动现场，具有同步性、直观性、互动性、广泛性等特点。

图 2-17　印有活动口号的服装

（三）活动后续报道

进行活动后续报道可以吸引更多的活动受众，扩大活动的影响范围。进行活动后续报道时，可以采用新闻稿和自媒体稿件两种形式。撰写新闻稿时，应保证稿件的真实性、客观性；撰写自媒体稿件时，还应做到标题具有吸引力，行文简洁、生动，配图丰富、清晰。无论采用哪种形式，都应注意报道的时效性。

课堂互动

在上述宣传方式中，你见过哪些宣传方式？令你印象最深刻的是哪一种？为什么？

三、老年活动现场管理

老年活动现场管理是确保活动顺利进行的关键环节。在老年活动实施过程中，各工作者要各就其位、各司其职，重点做好以下工作：

（1）礼貌接待嘉宾、媒体记者、活动参加者等人员，引导其签到、入座。

（2）做好必要的安检工作和流动观察工作，确保活动秩序良好，保障现场人员的人身和财产安全。

（3）密切关注老年人的需求，并根据其需求提供相应的服务。

（4）根据活动目标和活动实施情况合理控制活动节奏，突出活动的关键节点，以达到最佳效果。例如，在需要思考或讨论的环节，可以放慢节奏，给参加者足够的思考时间。

（5）及时处理突发状况，适时调整活动计划。例如，如果开展户外活动时突然下雨，应立即停止活动，将现场人员和设备有序转移至室内；如果某个环节所花时间超出预期，可以适当缩短休息时间；等等。

任务实施

模拟实施老年活动

【任务描述】

以班级为单位，根据本项目任务二任务实施中教师评选的最优策划方案进行情景模拟。

【实施流程】

（1）全班学生熟悉最优策划方案的内容。

（2）分配角色。教师扮演主持人，本项目任务一和任务二任务实施中选定的小组长扮演工作者（其中1人扮演医护人员），其余学生扮演H养老院的老年人。

（3）实施活动。在活动过程中，重点模拟策划方案中的突发状况及其预防与应对措施，可以以拍照、录像等方式进行记录。

（4）活动结束后，教师进行简单点评。

任务四　评估老年活动

任务导入

H养老院本次端午节主题活动结束后，王经理与相关工作者谈话，询问此次活动的策划与实施情况。赵组长与其他工作者实事求是地分析了本次活动中的问题：

（1）“话端午，我最行”环节出现了冷场现象。大多数参加者比较腼腆，不愿意当众发言，加上主持人准备得不够充分，没有很好地调动参加者的积极性，导致该环节最终只能草草结束。

（2）在包粽子比赛环节，由于参加者人数超出了预期，很快就用完了所有的材料，导致该环节所花的时间比预计时间缩短了10分钟。

（3）所花费用比预算超出27%，原因是礼品费用和宣传费用超出预算。

分析结束后，王经理安排赵组长对本次活动进行全面评估，以便后续改进。

思考：

（1）老年活动评估的内容有哪些？

（2）如何进行老年活动评估？

老年活动评估是指根据科学的标准对老年活动进行全方位的评价，判断是否实现预期活动目标的过程。老年活动评估的主体可以是组织单位，也可以是专业的第三方评估公司，本任务主要从组织单位的角度进行讲述。

一、老年活动评估的内容

老年活动评估的内容主要包括活动过程评估和活动效果评估两个方面。

（一）活动过程评估

活动过程评估是指对活动的每一个环节进行评估，主要包括策划过程评估和实施过程评估。

1．策划过程评估

策划过程评估主要包括以下两个方面：

（1）调研过程评估：包括调研方法是否得当，调研过程是否真实、深入，调研结果是否准确，等等。

（2）策划方案评估：包括策划方案是否完整，活动名称、活动目标、活动时间、活动地点、人员安排、活动流程是否合理，经费预算是否准确，应急预案是否全面，等等。

2．实施过程评估

实施过程评估主要包括以下三个方面：

（1）活动筹备评估：包括各种物资的准备是否充分，场地选择是否合理，场地布置是否重点突出、富有创意等。

（2）活动宣传评估：包括宣传方式是否合理、是否达到了预期宣传效果、宣传成本是否超出预算等。

（3）活动现场管理评估：包括各工作者是否认真负责、沟通是否顺畅，活动现场是否井然有序，活动各环节是否衔接流畅，突发状况是否得到了及时、有效的处理，等等。

（二）活动效果评估

活动效果评估是指对活动目标的实现情况进行评估，主要包括以下三个方面：

（1）活动传播效果评估：包括活动在媒体上的曝光度和公众关注度如何等。

（2）参加者的参与度、满意度评估：包括参加人数是否达到预期、参加者的积极性如何、参加者对活动的满意度如何等。

（3）参加者参加活动前后变化的评估：包括参加者在知识、技能、情感态度方面的变

化，如是否有效地掌握了相关知识并将其运用于实际生活中，是否养成了良好的习惯，等等。

二、老年活动评估的流程

一般来说，老年活动评估的流程包括制订评估方案、全面实施评估、撰写评估报告三个步骤。

（一）制订评估方案

评估方案的内容包括评估标准、评估方法、评估时间、评估人员、评估预算等。其中，评估标准应可衡量、可操作、可验证，且以活动目标为依据。例如，举办中医养生知识科普活动的目标是弘扬中医文化、增强老年人的自我保健意识，评估标准就不仅仅包括老年人了解了多少中医养生知识，还应侧重于有多少老年人对中医养生产生了认同感。评估方法包括资料分析法、观察法、问卷法、访谈法等。

（二）全面实施评估

全面实施评估就是收集和分析信息的过程。工作者应根据已制订的评估方案有效收集信息，并对这些信息进行整理和分析，明确活动目标是否实现及活动中存在的问题。在评估时，应以客观事实为依据，对各环节做出客观、公正的评估，以准确反映活动的实际情况。

（三）撰写评估报告

在此阶段，工作者应根据信息分析结果撰写评估报告。评估报告的主要内容包括评估背景、评估过程、评估结果、改进方向与建议等。

“挥毫泼墨度重阳”书法交流活动评估报告

一、评估背景

2023 年 10 月 23 日，A 社区老年服务中心举办了“挥毫泼墨度重阳”书法交流活动，旨在弘扬中华优秀传统文化，丰富老年人的精神文化生活，提高他们的身心健康水平。共有 30 名热爱书法的老年人参加了该活动。

二、评估过程

在活动过程中，工作者全程对老年人进行观察并记录。活动结束后，向参加活动的老年人发放满意度调查问卷，然后根据观察记录和调查问卷分析结果进行了评估。

三、评估结果

1．活动过程评估

活动前，工作者向 A 社区所辖的 4 个小区发出了活动通知，热爱书法的老年人踊跃报名。最终报名人数为 43 人，工作者从中选出 30 名老年人参加活动，参加人数达到预期。

本次活动分为以下三个环节：① 书法知识讲座。邀请书法家介绍书法的主要流派和基本技巧。② 书法展示。邀请书法家现场书写，展示书法艺术的魅力，激发老年人的兴趣。③ 书法交流。设置交流区，鼓励老年人展示自己的作品，分享创作心得和感悟，增进彼此之间的了解。活动基本上按照策划方案开展，各环节衔接流畅，未出现突发状况。

2．活动效果评估

本次“挥毫泼墨度重阳”书法交流活动取得了圆满成功，得到了参加者的高度评价。不少老年人表示，希望以后能多举办这样的活动。A社区通过举办此次书法交流活动，提高了老年人的艺术修养和审美能力，促进了老年人之间的交流与互动，增强了他们的成就感和幸福感。

四、改进方向与建议

为了今后更好地举办此类活动，可以从以下几个方面进行改进：① 加强与书法培训机构、书法协会等的合作，加强活动宣传和推广，以扩大活动的影响力；② 增加趣味性、互动性较强的环节，以吸引更多老年人参加；③ 加强组织和管理工作，确保活动安全。

任务实施

进行老年活动评估

【任务描述】

以小组为单位，对老年活动过程进行评估。

【实施流程】

（1）学生根据本项目任务一任务实施中的分组情况进行分组。

（2）撰写最优策划方案的小组进一步分析本小组的策划方案有无不足之处；其他小组对照本小组撰写的策划方案和教师评选的最优策划方案，分析本小组在老年活动策划方面存在的不足。

（3）各小组查看活动实施过程中拍摄的照片或视频，对活动实施过程进行回顾。

（4）以小组为单位，撰写活动评估报告，然后提交给教师。

（5）教师对各小组提交的活动评估报告进行点评。

学习成果自测

1．填空题

（1）老年活动策划与实施的要素可以归纳为“5W2H”，其中“2H”分别代表__________和__________。

（2）老年活动调研的内容主要包括＿＿＿＿＿＿与＿＿＿＿＿＿两个方面。

（3）常用的老年活动调研方法有＿＿＿＿＿＿、访谈法、＿＿＿＿＿＿。

（4）一般来说，老年活动目标包括＿＿＿＿＿＿、＿＿＿＿＿＿和＿＿＿＿＿＿三个维度。

（5）＿＿＿＿＿＿是对活动内容的高度概括，应具体、清晰、简洁、朗朗上口。

（6）老年活动前期造势的方式主要包括＿＿＿＿＿＿和＿＿＿＿＿＿。

2. 单项选择题

（1）A社区计划在全国爱眼日举办“守护老年人的‘睛’彩世界”科普活动，这主要体现了（　　）。

A．活动举办时间合理　　B．活动持续时间合理

C．活动进度安排合理　　D．难度合理

（2）对老年人进行调研时，无须了解老年人的（　　）。

A．文化程度　　B．饮食习惯

C．职业经历　　D．家庭情况

（3）（　　）是老年活动的发起者与主导者。

A．主办单位　　B．承办单位

C．协办单位　　D．赞助单位

（4）工作者可以采用（　　）了解活动场地的实际情况、老年人的活跃程度、老年人之间的互动关系等。

A．面对面访谈法　　B．电话访谈法

C．观察法　　D．问卷法

（5）“体验扎染的乐趣”属于（　　）。

A．知识目标　　B．技能目标

C．情感目标　　D．素质目标

（6）在插花活动中，不宜将活动目标设置为“引导老年人构思插花的造型”，而应将活动目标设置为“使老年人能够独立完成插花”，这说明表述活动目标时应（　　）。

A．具体、明确　　B．以过程为导向

C．角度统一　　D．以结果为导向

（7）热身游戏属于老年活动的（　　）。

A．准备阶段　　B．导入阶段

C．开展阶段　　D．表现阶段

（8）（　　）负责活动场地布置、资料打印、人员用餐安排、车辆调度等。

A．记录人员　　B．医护人员

C．安保人员　　D．后勤人员

（9）以下选项中，（　　）属于宣传类物资。

A. 警戒带　　B. 横幅

C. 鲜花　　D. 工作证

（10）布置老年活动场地时，可以不考虑（　　）。

A. 舒适性　　B. 安全性

C. 美观性　　D. 时尚性

（11）举办老年人消防安全知识讲座时，可以采用（　　）座位安排形式。

A. 观赏式　　B. 点式

C. 线式　　D. “U”式

（12）以下宣传方式中，（　　）具有同步性、直观性、互动性、广泛性等特点。

A. 图文宣传　　B. 现场布置

C. 活动口号展示　　D. 直播

3. 简答题

（1）简述老年活动的一般流程。

（2）在选择老年活动场地时，应考虑哪些因素？

（3）简述老年活动评估的流程。

学习成果评价

请进行学习成果评价，并将评价结果填入表 2-13 中。

表 2-13　学习成果评价表

<table>
<tr><td>班级</td><td></td><td>姓名</td><td></td><td>学号</td><td colspan="2"></td></tr>
<tr><td>评价项目</td><td colspan="3">评价内容</td><td>评价方式</td><td>满分</td><td>评分</td></tr>
<tr><td rowspan="7">知识（40%）</td><td colspan="3">老年活动策划与实施的概念、要素和原则</td><td rowspan="7">理论测试</td><td>8</td><td></td></tr>
<tr><td colspan="3">老年活动策划的基本流程</td><td>7</td><td></td></tr>
<tr><td colspan="3">老年活动策划方案的内容</td><td>5</td><td></td></tr>
<tr><td colspan="3">老年活动筹备</td><td>6</td><td></td></tr>
<tr><td colspan="3">老年活动宣传</td><td>4</td><td></td></tr>
<tr><td colspan="3">老年活动现场管理</td><td>2</td><td></td></tr>
<tr><td colspan="3">老年活动评估的内容和流程</td><td>8</td><td></td></tr>
<tr><td rowspan="3">技能（40%）</td><td colspan="3">能够初步撰写老年活动策划方案</td><td rowspan="3">实践操作</td><td>20</td><td></td></tr>
<tr><td colspan="3">能够模拟老年活动实施过程</td><td>10</td><td></td></tr>
<tr><td colspan="3">能够合理开展老年活动评估工作</td><td>10</td><td></td></tr>
<tr><td rowspan="4">素养（20%）</td><td colspan="3">学习态度良好，积极、主动地学习、思考</td><td rowspan="4">综合评价</td><td>5</td><td></td></tr>
<tr><td colspan="3">具有团队精神，积极与他人合作</td><td>5</td><td></td></tr>
<tr><td colspan="3">具有尊老敬老、孝老爱亲的品质</td><td>5</td><td></td></tr>
<tr><td colspan="3">具有服务意识，自觉做好服务工作</td><td>5</td><td></td></tr>
<tr><td colspan="5">合计</td><td>100</td><td></td></tr>
<tr><td>自我评价</td><td colspan="6"></td></tr>
<tr><td>教师评价</td><td colspan="6"></td></tr>
</table>

项目三
运动类老年活动策划与实施

项目引言

国家体育总局于2022年3月28日发布的《关于进一步做好老年人体育工作的通知》中强调，要丰富老年人体育赛事活动，推广适宜老年人的健身休闲运动。运动是最经济、最有效的提高老年人健康水平的途径，同时对增强老年人的参与感、获得感、幸福感具有重要作用。老年活动工作者应当对常见的运动类老年活动有所了解，并掌握运动类老年活动策划、实施与评估的要点，从而合理组织、安排运动类老年活动。

知识目标

- 理解运动类老年活动的概念。
- 熟悉常见的运动类老年活动。
- 了解运动类老年活动的作用。
- 掌握运动类老年活动策划的要点。
- 掌握运动类老年活动实施的要点。
- 掌握运动类老年活动评估的要点。

素质目标

- 学习中国传统运动的相关知识，增强文化自觉、增进文化认同、彰显文化自信，致力于传承和弘扬中华优秀传统文化。
- 了解《关于进一步做好老年人体育工作的通知》的主要内容，体会政府部门为积极应对人口老龄化所做出的努力，从而增强责任感和使命感。

任务一　认识运动类老年活动

任务导入

在我国第十一个“老年节”到来之际，为了充分发挥体育在应对人口老龄化方面的积极作用，国家体育总局办公厅下发通知，于2023年“老年节”前后和“敬老月”（10月）期间，在全国范围内开展“九九重阳”全民健身主题活动。

2023年10月16日，国家体育总局群众体育司、中国老年人体育协会、广东省体育局在广州白云山组织登高，发挥了引领示范作用。随后，中国老年人体育协会主办的“九九重阳”全国老年人广场舞交流活动、全国老年人太极拳网络大赛等一一展开。各地积极响应号召，因地制宜、安全有序地组织开展内容丰富、形式多样的活动，推动全民健身与传统节日有机结合，普及、推广老年人健身项目，引导更多老年人参加体育健身活动，提高老年人健康水平。

湖北省以倡导“尊老、敬老、爱老”为主旨，以“普及全民健身 缔造幸福生活 助力乡村振兴 共享福寿康宁”为主题，开展了老年人喜闻乐见的持杖健步走（见图3-1）等活动。江苏省各级体育部门面向老年人举办超过102场全民健身主题活动，覆盖全省13个设区市，活动项目包括体能类、球类、跑步健走类、武术类、操舞类等。

图3-1　持杖健步走

截至2023年10月23日，已有40多个体育行政部门、老年人体育协会和相关体育组织积极响应，提报了800余项活动，超过37万人参与。

资料来源：李金霞．欢庆第十一个“老年节”——老年人体育活动遍地开花[N]．中国体育报，2023-10-23．

思考：

（1）什么是运动类老年活动？

（2）除了上述案例中列举的活动外，常见的运动类老年活动还有哪些？

（3）运动类老年活动对老年人具有哪些作用？

一、什么是运动类老年活动

运动类老年活动是指以运动项目为载体的老年活动，如游泳、跑步、抖空竹等。近年来，老年人更加关注健康问题，参加体育锻炼的热情不断提高，这使得运动类老年活动成为重要的老年活动类型。

二、常见的运动类老年活动

常见的运动类老年活动可以分为普通运动和趣味运动两大类。

（一）普通运动

普通运动包括有氧运动、球类运动、中国传统运动等。

1．有氧运动

有氧运动是指主要以有氧代谢提供运动中所需能量的运动方式。常见的适合老年人的有氧运动有健步走、健身跑、健身操舞等。

（1）健步走。

健步走又称健走，是一种介于散步与竞走之间的运动方式。健步走的模式可以分为以下两种：① 持杖健步走，即老年人借助两根轻质手杖提供的支撑力实现快速行走；② 徒步健步走，即老年人通过大力甩手、加大步幅实现快速行走。

如何正确健步走

1．动作要领

（1）准备动作。身体直立，目视前方，肩部放松，挺胸收腹。

（2）上肢动作。双手握空拳，双肘弯曲约成直角，交替前后摆动。

如何正确健步走

（3）下肢动作。双脚脚尖向前，交替前行。一只脚向前迈出，脚跟先着地，身体重心逐渐前移，在该脚脚掌全部着地的同时，另一只脚的脚跟抬起，向前迈步。

2．步幅与步频

（1）步幅。进行健步走时，合理的步幅为身高（单位为厘米）×0.45。经常进行健步走的老年人可以适当加大步幅，使其达到身高的一半左右。

（2）步频。健步走的最佳步频为 90—120 步/分钟，经验较少的老年人可以适当降低步频。

3．健步走的最佳时间

在 9:00—11:00 和 13:00—15:00 两个时间段，老年人身体各器官的机能状态较好，血液黏稠度下降，血糖浓度相对稳定，比较适合健步走。

（2）健身跑。

健身跑又称慢跑，属于中等强度的有氧运动。健身跑的方法主要有间歇跑、短程跑、常规健身跑等，配速一般为 6—8 千米/小时。在健身跑的过程中，全身主要肌肉群参与工作，以保持身体平衡，所以健身跑对老年人的身体机能有较高的要求。老年人每次健身跑的时间以 20—30 分钟为宜，可以根据身体状况适当增减运动量。

（3）健身操舞。

健身操舞是指徒手或用道具进行各种动作操练的运动方式。常见的健身操舞有武术操（见图 3-2）、手指操、拍拍操、健身秧歌等。健身操舞节奏缓慢、动作简单，能够锻炼各个关节，而且通常配有背景音乐，具有保健、娱乐等方面的价值，因此深受老年人喜爱。

图 3-2　武术操

拍拍操

老年人练习拍拍操时，可以通过拍打身体各部位达到舒经活血、缓解疲劳的效果。拍拍操的主要动作如图 3-3 所示。

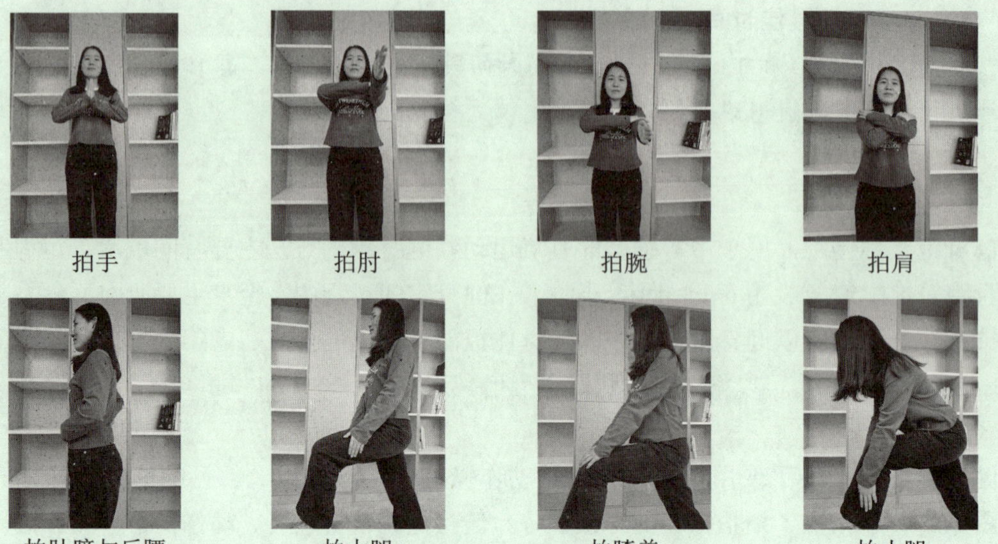

拍手　拍肘　拍腕　拍肩

拍肚脐与后腰　拍大腿　拍膝盖　拍小腿

图 3-3　拍拍操的主要动作

拍拍操的具体动作要领如下：

（1）拍手：将十指并拢，掌心对掌心、手指对手指均匀拍打，拍 50 次。

（2）拍肘：将左臂前平举，用右手拍左手肘上方 25 次、下方 25 次；另一侧重复相同动作。

（3）拍腕：将左手举起，使掌心朝向侧面，用右手拍打左手手腕上方 25 次、下方 25 次；另一侧重复相同动作。

（4）拍肩：用双手交叉拍两侧肩膀，拍的时候手掌往下压，拍 50 次。

（5）拍肚脐与后腰：双手一前一后，分别拍打肚脐与后腰部位，拍 50 次。

（6）拍大腿：左脚踩矮凳，使大腿和小腿约成直角，用双手拍打左大腿两侧 50 次；另一侧重复相同动作。

（7）拍膝盖：左脚踩矮凳，使大腿和小腿约成直角，用双手拍打左膝盖 50 次；另一侧重复相同动作。

（8）拍小腿：左脚踩矮凳，使大腿和小腿约成直角，用双手拍打左小腿两侧 50 次；另一侧重复相同动作。

2．球类运动

球类运动是指以球为载体进行的运动。常见的适合老年人的球类运动有健身球（见图 3-4）、乒乓球、篮球、羽毛球、网球、柔力球、门球（见图 3-5）等。球类运动通常需要多人合作，具有一定的竞技性与趣味性，同时需要良好的身体素质作为基础。

图 3-4 健身球

图 3-5 门球

视野拓展

乒乓球运动

乒乓球运动具有较强的趣味性与娱乐性，在室内或室外均可开展，所需器材比较简单，运动量可以根据参加者的身体状况调节，因此是一项极易推广、普及的运动。

乒乓球比赛分为单打和双打，在特定的乒乓球台（见图 3-6）上进行。在单打中，每队各出一名队员；在双打中，每队各出两名队员。比赛开始时，由一方先发球，每决出 2 分后，轮换发球。双方队员要尽力接到对方击过来的球，然后把球击到对方的台面上。在一局比赛中，比赛时间不限，先得到 11 分者获胜。如果比赛结果为 10 平，则以先高出对方 2 分者为胜。

图 3-6 乒乓球台

3．中国传统运动

中国传统运动包括太极拳、健身气功、打陀螺、抖空竹等。中国传统运动强调意念与身体活动相结合，具有独特的健身、养生效果。

（1）太极拳。

太极拳是以中正圆活为运动特征的传统运动方式，有陈（陈王廷）、杨（杨露禅）、吴（吴鉴泉）、武（武禹襄）、孙（孙禄堂）等流派。各流派的套路和推手在手法和步法方面基

本一致，但在架势和劲力上具有不同的特点。

（2）健身气功。

健身气功是指以增强身心健康为目的，以自身形体活动、呼吸吐纳、心理调节相结合为主要运动形式的民族传统体育项目，是中华悠久文化的组成部分。

常见的健身气功有易筋经、五禽戏、六字诀、八段锦、大舞、马王堆导引术等。其中，五禽戏由汉末医学家华佗首创，是通过模仿虎、鹿、熊、猿、鸟的动作和姿态进行肢体活动的一种运动；八段锦是一种由八节连贯动作组成的运动，有文八段（坐式）和武八段（站立式）之分。

（3）打陀螺。

陀螺一般为木质，上大下小，其体积和重量均无规定，小的可放在手掌上旋转，大的可重达 2—3 千克。打陀螺是指用鞭子连续抽打陀螺，以使陀螺直立旋转的运动方式。打陀螺时需要低头、弯腰、左右扭转，因此不适合患有颈椎病的老年人参加。

小贴士

打陀螺的场地应远离住户，以免扰民；用于打陀螺的鞭子较长，甩鞭子所需的空间范围较大，因此场地周围应留有足够的空间，以免伤及他人。

（4）抖空竹。

传统空竹以竹、木为材料制成（现在多用塑料制成），因中空而得名。抖空竹是指对空竹进行提、拉、抖、盘、抛、接等操作的运动方式，集健身、娱乐、表演为一体，具有较强的自娱性和观赏性。老年人每次抖空竹的时间以 0.5—1 小时为宜。

视野拓展

抖空竹

我国明代已有关于空竹制作方法和玩法的记载，可见抖空竹已在我国民间至少流行了 600 年。随着社会的不断发展，抖空竹的技巧在传承中不断创新，出现了“金鸡上架”“翻山越岭”“织女纺线”“夜观银河”“二郎担山”“抬头望月”“鲤鱼摆尾”“童子拜月”“鹞（yào）子翻身”“彩云追月”“海底捞月”“青云直上”等招式，令人眼花缭乱、目不暇接。

抖空竹需靠四肢巧妙配合才能完成。当双手握杆抖动空竹做各种花样动作时，上肢的肩关节、肘关节、腕关节，下肢的髋（kuān）关节、膝关节、踝关节，以及颈椎、腰椎都在不同程度地运动着，因此，抖空竹有助于促进身体健康。

（二）趣味运动

趣味运动是指将普通运动与趣味活动结合起来而形成的运动。趣味运动对参加者的体能和运动技巧要求较低，因此比较适合老年人。

1．趣味运动的特点

与普通运动相比，趣味运动具有以下特点：

（1）新颖有趣。趣味运动中通常会用到特制的器材，活动规则也具有创新性，因此趣味运动能给参加者带来新鲜感，从而增强参加者的乐趣和投入度。

（2）参与性强。趣味运动通常不强调力量和速度，而是注重参加者的创意和团队协作能力，这使得更多的人可以参与运动。一般来说，几十人甚至上千人都可以共同参与一场趣味运动。

（3）气氛活跃。趣味运动通常对场地的要求不高，观众与参加者距离较近，而且参加者在运动中会频繁互动，因此现场气氛非常活跃。

2．常见的趣味运动

常见的趣味运动有水上漂、夹弹珠、掷飞镖、套圈、投沙包等。下面简单介绍这些趣味运动的规则。

（1）水上漂。将若干个碗一个接一个地依次排列在桌子上，第一个碗和最后一个碗中不装水，其他碗中装四分之三的水。在第一个碗中放入乒乓球，参加者将乒乓球从第一个碗吹入第二个碗，以此类推，直至吹入最后一个碗。若中途乒乓球掉落，则重新开始。最快完成者获胜。

（2）夹弹珠。在一个盆子中放入较多的弹珠，参加者围坐在盆旁，每人面前放一个空碗。几位参加者同时用筷子将盆子中的弹珠夹到自己的碗中。在一定时间内，所夹弹珠最多者获胜。

（3）掷飞镖。将飞镖盘（见图 3-7）置于离投掷点一定距离（根据参加者的身体状况而定）的墙上，每位参加者掷 10 镖，最后根据每人的累计环数确定胜负。

图 3-7　飞镖盘

（4）套圈。在若干个杯子外面写上分值，然后按顺序排列，分值最低的杯子离投掷点 1.5 米左右，分值越的杯子离投掷点越远。给每位参加者发 10 个塑料圈或铁丝圈，让其设法套中杯子，最后根据套中杯子的总分值确定胜负。

（5）投沙包。一轮 10 人，每 5 人一组。给每人发 5 个沙包，让其依次将沙包投进 3 米外的桶或框里，在一定时间内投进数量最多的小组获胜。每轮获胜的小组继续参加比赛，直至选出最终获胜的小组。

在趣味运动中，工作者可以根据实际情况更换道具、修改活动规则。例如，在套圈活动中，可以将写有分值的杯子换成日用品、水果等，将参加者套中的物品作为奖品。请问：上述趣味运动中，还有哪些运动可以更换道具、修改活动规则？如何更换道具、修改活动规则？

国家体育总局发布《关于进一步做好老年人体育工作的通知》

2022 年 3 月 28 日，国家体育总局发布《关于进一步做好老年人体育工作的通知》。该通知指出，要丰富老年人体育赛事活动，推广适宜老年人的健身休闲运动，具体措施如下：

（1）继续开展新年登高、全民健身日、“行走大运河”全民健身健步走、重阳健身联动等主题活动，广泛开展老年健身赛事、社区运动会等群众身边的赛事活动，设置适合老年人参与、受老年人欢迎的体育项目和健身休闲活动，突出展示性、娱乐性、趣味性和多样性。

（2）推广老年人喜闻乐见、便于参与的健身跑、健步走、太极拳、武术、健身气功、健身操舞、广场舞、柔力球、门球、气排球、乒乓球和具有民族、民间传统特色的项目等，满足不同老年人的健身需求。

（3）充分发挥老年人体育组织和社区健身俱乐部等群众身边组织的作用，不断创新活动方式，开展各具特色的老年人品牌健身活动，为老年人进行比赛、表演、交流提供机会，丰富老年人文化体育生活。

资料来源：群众体育司. 体育总局关于进一步做好老年人体育工作的通知［EB/OL］.（2022-04-21）. 国家体育总局网站.

三、运动类老年活动的作用

对老年人来说，运动类老年活动在生理、心理与社会方面都具有积极作用。

（一）生理方面

研究表明，老年人参加运动类老年活动，可以有效地增强体质、防治慢性病。

1. 增强体质

老年人参加运动类老年活动，可以增强自身的心肺功能、肌肉力量、柔韧性，从而达到

增强体质的效果。

（1）增强心肺功能。心肺功能是指人体心脏泵血和肺部吸入氧气的能力，该能力会直接影响全身器官和肌肉的活动。适当运动可以提高老年人的心脏收缩力量和肺活量，调节血压和血脂，从而增强心肺功能。

（2）增强肌肉力量。适当运动可以使老年人的体格更加强壮，增强其肌肉力量和肌肉抗疲劳能力，预防因肌肉力量衰减导致的跌倒。

（3）增强柔韧性。适当运动可以增强老年人肌肉、韧带的弹性，降低肌肉拉伤的概率。

2．防治慢性病

参加运动类老年活动可以提高老年人各器官的功能水平，增强机体免疫力，有效控制慢性病（如心血管病、糖尿病、骨质疏松症、癌症等）的诱发因素，从而预防慢性病。此外，适当运动也是治疗慢性病的有效措施，可以减少身体活动不足导致的病情恶化、过早死亡。

（二）心理方面

运动类老年活动对老年人心理方面的作用如下：① 有助于老年人培养自强精神，树立正确的健康观；② 有助于老年人改善负面心态，形成积极乐观的态度；③ 有助于老年人改善睡眠质量，降低焦虑、内疚、抑郁等负面情绪产生的概率。

（三）社会方面

运动类老年活动大多是集体活动，对老年人社会方面的作用如下：① 有助于老年人增强集体归属感，在较短时间内适应新的环境和生活；② 有助于老年人结识志同道合的朋友，在合作与竞争中发展社会关系、扩大社交圈。

同步案例

银龄健步走，健康迎生活

2023 年 8 月 25 日，杭州市西湖区卫生健康局和西湖区老龄事业发展基金会联合举办“摆动双臂健步走 健康积极迎亚运”银龄健步走公益活动，旨在鼓励老年人积极参与体育运动，推广健康老龄化理念。

“双手往上抬，提膝收腿……”在专业运动教练的带领下，参加活动的老年人们开始了活动前的热身运动。该教练解释，老年人在运动前热身，可以活动肌肉和关节，预防运动损伤。

“健步走结束后，感觉整个关节都舒展开了，很舒服。”周奶奶分享了自己每天健步走的经历，她和老伴现在每天都要走上一万步。

“我们刚退休的时候，总是坐在沙发上看电视，但长时间坐着会影响健康。”周奶奶说。走出家门时，周奶奶时常会觉得头晕、乏力。周奶奶的老伴在一次体检中查出血糖偏高，两人一拍即合，报名参加了此次的健步走活动。经过一段时间的锻炼后，周奶奶感觉腿脚没有那么沉重了，整个人轻松不少。

持续举行的“银龄健步走”公益活动得到了社区居民的广泛认可和支持。很多居民看到老年人们在健步走过程中展现出的积极向上的精神状态后，也备受鼓舞，开始关注自身的健康问题。

资料来源：郑佳颖．迈向健康老龄化，西湖区“银龄”健走活动持续升温 [EB/OL]．(2023-08-28)．天目新闻官网．

任务实施

选择合适的运动类老年活动

【任务描述】

A 社区所辖的 4 个小区均为 20 世纪 90 年代建设的老旧小区，辖区内老年人大都在 60—70 岁，身体健康，对运动类老年活动的需求较大。

一年一度的全民健身日就要到了，A 社区计划组织辖区内老年人举办“快乐运动，乐享生活”系列活动。A 社区的配套设施如下：① 室内设有舞蹈室、阅读室、棋牌室、多功能厅、观影区等；② 室外有面积约为 500 平方米的活动场地，而且配有各种健身器材（如健身车、漫步机、太极轮等，见图 3-8）；③ 附近有口袋公园（也称袖珍公园，是一种规模较小的城市公园），公园内有健身步道。

健身车

漫步机

太极轮

图 3-8 健身器材

请以小组为单位，为 A 社区选择合适的运动类老年活动。

【实施流程】

（1）学生自由分组，每组 8—10 人，并选出一名小组长。

（2）小组长组织小组成员讨论以下问题：① A 社区可以举办哪些运动类活动？② 这些活动对老年人来说具有哪些作用？

（3）小组长对小组成员的观点进行汇总、整理，并以 PPT 的形式进行汇报。

（4）教师观看各小组长的汇报过程，并进行点评。

任务二　掌握运动类老年活动策划与实施的要点

任务导入

秋来又重阳，情系桑榆晚。一年一度的重阳佳节翩然而至，A社区组织了“情满重阳节，健康夕阳红”老年运动系列活动。该系列活动中的活动项目是根据辖区内老年人的身体状况和兴趣爱好“量身定制”的，包括乒乓球、气排球、健步走、广场舞、健身气功等。

在广场舞活动中，工作者先带领参加活动的老年人们做了热身运动，然后请专业的舞蹈老师进行现场教学。舞蹈老师逐步分解广场舞动作并反复演示，耐心、细致地讲解动作要领，然后针对老年人的舞步一一开展针对性指导。老年人们在舞蹈老师的带领下有条不紊地做着动作，反复练习舞步，很快就掌握了动作要领。

在老年人们练习广场舞的过程中，工作者密切关注着他们的身体状况，发现老年人有任何不适，都会及时提供帮助。

广场舞结束后，工作者还帮助老年人们进行了放松活动。他们细致、体贴的服务让老年人们倍感温暖。

思考：

策划与实施运动类老年活动的要点有哪些？

一、运动类老年活动策划的要点

策划运动类老年活动时，应做到因人而异、运动强度合理、活动内容完整等。

（一）因人而异

因人而异主要包括两个方面：一是充分考虑老年人需求的差异；二是充分考虑老年人运动能力的差异。

不同老年人的需求有所不同，工作者应根据老年人的需求为其策划有针对性的运动类老年活动。例如，如果老年人希望增强心肺功能，可以为其策划有氧运动、球类运动等能够使全身肌肉参与的活动；如果老年人希望提高反应能力，可为其策划乒乓球、篮球等各种球类运动；如果老年人希望缓解心理压力、提高睡眠质量，可以为其策划太极拳、健身气功等中国传统运动。

如果老年人希望增强肌肉力量、提高平衡能力，从而降低跌倒风险，工作者可以为其策划哪些活动？

许多因素会导致老年人的运动能力存在个体差异，如有无运动基础和器质性疾病（即人体组织结构上有病理变化的疾病）、离退休之前是脑力劳动者还是体力劳动者等。工作者需根据老年人的运动能力为其策划不同的老年活动，并遵循循序渐进的原则提高老年人的运动能力。例如，对于体质较弱或很少运动的老年人，应先为其策划强度较小、持续时间较短的活动，用两周左右的时间观察老年人的反应，待老年人逐步适应后，再为其增加运动强度和运动时间。

社区康养训练活动让老年人动起来

北京市海淀区北下关街道每两周举办一次社区康养训练活动，由来自国家体育总局的教练指导。经过参加活动，不少老年人都觉得自己的身体变得更结实了，大家也越来越认同“积极养老，加强锻炼”的观念。

在开始训练之前，参加本次活动的老年人都进行了社区综合康养指数测试。工作者将医院、国家体育总局的公开信息与社区之前举办老年活动时保留的信息结合起来，制定了评价标准，然后为所有参加测试的老年人建立康养档案，针对其身体弱项进行专业训练，训练后再进行评估，从而构建出“评估—训练—提高—再评估”的良性循环服务体系，持续提高辖区内老年人的健康水平。

老年人们进行锻炼的地点是位于中关村南大街的社区养老服务驿站。工作者对老年人进行康养指数测试后，还会对其进行骨密度、最大力量等方面的测试，然后根据老年人的身体状况，将报名的老年人分成 5 个班，以便实施最具个性化的锻炼方案。

来自国家体育总局的教练每周带领老年人们进行两次科学锻炼，每次锻炼 1 小时左右。在活动开始之前，教练小李与其他工作者一起设计了热身动作、7 组正式抗阻训练动作（见图 3-9）和放松动作。完整的训练周期是 16 周，前两周以力量训练为主，之后会让老年人们扶着椅子学习各种有针对性的训练动作。从第二个月开始，老年人们就可以逐渐不再依赖椅子。第三个月，老年人们大多能够独

图 3-9　抗阻训练动作

立完成动作了。小李表示："跌倒会严重威胁老年人健康，多数跌倒都是肌肉力量不够造成的。要增强老年人的平衡性，必须增强他们的肌肉力量。"

69 岁的周奶奶刚开始练习八段锦的时候，总是无法完成最后一个提踵动作，经过一段时间的训练，有了很大的进步。她表示："现在能稳稳地单脚站立一分多钟，腿上明显有劲儿了，胳膊上也有肌肉了。"

老年人们都希望这类活动能够持续举行，这让小李格外高兴，她最期待的就是达到这种效果——老年人们不仅能够提高健康水平，也能够树立更加积极的养老观念。

资料来源：周明杰．年过七旬的"老阿姨"也能有肌肉！社区康养训练让老人动起来［N/OL］.（2020-12-21）．京报网．

（二）运动强度合理

运动类老年活动应以小强度、中小强度或中等强度的运动为主。运动强度过大不仅会使部分老年人因无法完成活动而产生沮丧、自卑等负面情绪，还可能给老年人带来运动损伤。

如何确定运动强度

运动强度可以分为小强度、中小强度、中等强度、大强度等级别。在老年活动中，可以根据老年人在运动中的呼吸状态判断运动强度。

（1）呼吸轻松：与安静状态相比，运动时呼吸深度和呼吸频率变化不大，呼吸平稳，可以唱歌。这种呼吸状态下的运动心率一般在 100 次/分以下，可以判断运动强度为小强度运动。

（2）呼吸比较轻松：运动时呼吸深度和呼吸频率增加，可以正常进行语言沟通。这种呼吸状态下的运动心率一般为 100—120 次/分，可以判断运动强度为中小强度运动。

（3）呼吸比较急促：运动时只能讲短句，不能完整表述长句。这种呼吸状态下的运动心率一般为 120—140 次/分，可以判断运动强度为中等强度运动。

（4）呼吸急促：运动时呼吸困难，无法进行语言沟通。这种呼吸状态下的运动心率一般超过 140 次/分，可以判断运动强度为大强度运动。

（三）活动内容完整

一次完整的运动类老年活动应包括准备活动、基本活动和放松活动三部分。

1．准备活动

准备活动是指在基本活动开始前进行的各种身体练习，持续时间一般为 5—10 分钟。准备活动的主要内容如下：① 进行适量的有氧运动，使身体各器官"预热"；② 进行运动强度较小的健身操或各种牵拉练习（见图 3-10），以增加关节活动度，增强肌肉、韧带的弹性，预防肌肉损伤。

图 3-10　牵拉练习

如何指导老年人做好准备活动

小贴士

牵拉练习又称拉伸练习，包括静力性牵拉练习和动力性牵拉练习。其中，静力性牵拉练习包括正压腿、侧压腿、压肩等，动力性牵拉练习包括正踢腿、侧踢腿、甩腰等。牵拉时如果感到肌肉酸胀但不疼痛，可以继续保持 10—30 秒，以达到增强柔韧性的效果。

2．基本活动

基本活动是运动类老年活动的主要内容，持续时间一般为 30—60 分钟。

3．放松活动

放松活动是指在基本活动后进行的各种身体活动，主要包括行走、健身跑、牵拉练习等。进行放松活动，可以使身体各器官从运动状态恢复到安静状态，有助于老年人减轻或避免身体不适症状。

同步案例

乐享太极，强身健体——A 社区老年太极拳晨练活动策划方案

1．活动名称

乐享太极，强身健体——A 社区老年太极拳晨练活动。

2．活动目标

（1）提高老年人的运动能力和身体素质。

（2）加强老年人之间的交流，促进老年人社会参与。

（3）宣扬中华优秀传统文化，丰富老年人的精神文化生活。

（4）促进社区居民的交流与互动，增强社区的凝聚力。

3．参加对象

A社区能力完好的老年人，限额50人。

4．活动时间

2023年10月2日至14日，每周一至周六7:30—9:00。

5．活动地点

××市××区××路22号人民公园南广场（A社区老年服务中心东侧100米）。

6．报名事项

报名时间：2023年9月15日至25日，每天9:00—17:00。

报名方式：至A社区老年服务中心一楼接待处报名。

联系人：陈先生。

联系方式：××××-×××××××××。

7．组织单位

主办单位：××市××区××街道办事处。

承办单位：A社区居委会。

协办单位：××市老年协会、××市太极拳协会。

8．人员安排

人员安排如表3-1所示。

表3-1　人员安排

工作	具体内容	负责人
调研	（1）了解辖区内老年人的身体状况。 （2）筛选适合参加活动的老年人。 （3）初步进行老年人运动能力评估。	孙××
人员筹备	（1）从××市太极拳协会邀请1名教练，负责培训、指导等工作。 （2）招募并培训3名志愿者，负责人员接待、秩序维护等工作。	林××
物资筹备	（1）购买矿泉水。 （2）准备座椅。 （3）准备、调试设备，如音响、麦克风等。	毛××
场地筹备	在公园的开放空地上布置活动区，并设置适当的指示牌	刘××
宣传	（1）在日常社区活动中向老年人宣传。 （2）张贴海报。 （3）在网络平台宣传。 （4）活动现场拍摄。 （5）发布自媒体稿件。	李××

9．活动流程

活动流程如表 3-2 所示。

表 3-2　活动流程

时间	活动内容	
7:30—7:40	准备活动	拍拍操
7:40—8:10	太极拳教学	（1）在首次活动中介绍太极拳的文化内涵、发展历程和养生效果，并讲解 1 个动作的练习方法，以后每次活动中分别讲解 1 个动作的练习方法。 （2）共 12 个动作，每个动作分为初级和高级两个阶段，逐步增加难度。
8:10—8:20	休息	
8:20—8:50	自由练习	参加者自由练习所学动作，教练进行动作指导和答疑
8:50—9:00	放松活动	教练带领老年人放松身体

10．经费预算

经费预算如表 3-3 所示。

表 3-3　经费预算

项目	金额/元	预算依据
外聘人员费用	3 300	（1）教练补贴费用为 1 500 元。 （2）志愿者补贴费用为每人 50 元/天，共计 1 800 元。
餐饮费	350	矿泉水 10 箱，35 元/箱，共计 350 元
宣传费	100	海报制作费用 100 元
预备费	250	
总计	4 000	

11．应急预案

应急预案如表 3-4 所示。

表 3-4　应急预案

突发状况	预防与应对措施
突然下雨	（1）提前查询活动时段的天气，如果会下雨，应暂停活动，将活动计划顺延，并立即通知相关人员。 （2）如果在活动中突然下雨，应立即停止活动，有序将所有人员转移至室内。
老年人无法跟上教学节奏	安抚老年人的情绪，适当鼓励。在征得老年人同意后，可以在自由练习环节进行详细指导。
老年人跌倒、晕倒等	（1）确保活动场地地面平整，无水渍和障碍物。 （2）安排医护人员在活动现场进行监护。 （3）如果发生老年人跌倒、晕倒等情况，则由医护人员进行急救，必要时可送其就医。

12．其他事项

（1）在活动开始前，要仔细评估老年人的运动能力和身体状况。

（2）在活动过程中，要全程关注老年人的身体状况。

（3）在活动结束后，要及时为有需要的老年人提供座椅和矿泉水。

银龄忆童趣，沙包乐无穷——H养老院趣味沙包系列活动策划方案

1．活动名称

银龄忆童趣，沙包乐无穷——H养老院趣味沙包系列活动。

2．活动目标

（1）锻炼老年人的手眼协调能力和合作能力。

（2）加强老年人之间的交流，促进老年人社会参与。

3．参加对象

H养老院内的老年人，限额30人。该活动不适合上肢失能的老年人。

4．活动时间

2024年3月19日14:30—16:30。

5．活动地点

H养老院院内活动场。

6．组织单位

主办单位：H养老院。

7．人员安排

人员安排如表3-5所示。

表3-5　人员安排

工作	具体内容	负责人
调研	调研院内老年人参加活动的意愿，统计报名人数	赵××
人员筹备	选择1名主持人，负责主持活动、控制活动进程	黄××
物资筹备	购买本次活动的道具，包括沙包、沙包投掷盘、乒乓球拍（见图3-11） 沙包　沙包投掷盘　乒乓球拍 图3-11　本次活动的道具	王××
场地筹备	（1）打扫场地。 （2）布置场地。	杨××

续表

工作	具体内容	负责人
宣传	（1）在日常活动中向老年人宣传。 （2）通过院内宣传栏宣传。 （3）活动现场拍摄。	张××

8. 活动流程

活动流程如表 3-6 所示。

表 3-6　活动流程

时间	活动内容	
14:30—14:40	热身游戏	（1）进行热身游戏——手指操。 （2）游戏结束后，老年人自由分组（每组 5 人）。
14:40—15:10	投掷沙包	老年人手持沙包，对准沙包投掷盘进行投掷，每位老年人有 2 次投掷机会。主持人根据沙包的最终落点处判断每次投掷得分，若沙包落在两个分数之间，则取较高的分数。每组的最终成绩为本组老年人的分数总和。
15:10—15:20	休息，换场	
15:20—15:40	传递沙包	每 3 组老年人围成一圈，相邻老年人之间间隔约 20 厘米。老年人手持乒乓球拍，待主持人宣布活动开始后，原地用乒乓球拍传递沙包。如果沙包中途掉落，传递者需用乒乓球拍连续颠 5 次沙包。本环节不计分。
15:40—15:50	休息	
15:50—16:10	接沙包	每 3 组老年人围成一圈，相邻老年人之间间隔约 1 米。老年人在纸杯中放入沙包，手持纸杯，待主持人宣布活动开始后，一起将纸杯中的沙包向上抛，然后用纸杯接住沙包。左右手交替抛，共抛 10 次。用纸杯接住沙包计 1 分，未接住不计分，每组的最终成绩为本组老年人的分数总和。
16:10—16:20	休息，统计分数	老年人休息，工作者统计分数
16:20—16:30	总结，合影	（1）工作者对本次活动进行总结，并对获胜小组的所有老年人进行口头表扬。 （2）所有人员合影留念。

9. 经费预算

经费预算如表 3-7 所示。

表 3-7　经费预算

项目	金额/元	预算依据
公杂费	330	（1）沙包 15 个，2 元/个，共计 30 元。 （2）沙包投掷盘 2 张，25 元/张，共计 50 元。 （3）乒乓球拍 8 副，30 元/副，共计 240 元。 （4）一次性纸杯一袋（50 个/袋），共计 10 元。

续表

项目	金额/元	预算依据
预备费	30	
总计	360	

10．应急预案

与《乐享太极，强身健体——A社区老年太极拳晨练活动策划方案》中的应急预案类似，此处不再赘述。

11．其他事项

（1）在活动开始前，要仔细评估老年人的运动能力水平和身体状况。

（2）如果有坐轮椅的老年人参加活动，工作者应在旁协助捡沙包。

二、运动类老年活动实施的要点

（一）合理选择活动场地

在实施运动类老年活动时，应选择能够达到以下要求的活动场地：

（1）宽敞、明亮。为了便于老年人伸展自如，应确保活动场地面积足够、采光良好。

（2）地面平整、干燥、防滑，避免老年人因水渍、障碍物而跌倒。

（3）空气质量良好。在进行室外活动时，应尽量选择空气质量指数在100以下的活动场地；进行室内活动时，应尽量选择通风良好、空气清新的活动场地。

小贴士

空气质量指数是根据空气中各种污染物的浓度换算出来的，可以分为0—50、51—100、101—150、151—200、201—300、大于300六级。指数越大，级别越高，说明空气污染越严重，对人体健康的危害越大。

当空气质量指数为0—50时，基本无空气污染，适宜各类老年人进行活动；当空气质量指数为51—100时，极少数异常敏感的老年人应减少户外活动。

（二）全程保护老年人

在活动正式开始前，工作者应引导老年人到达活动场地。在活动过程中，工作者应密切关注老年人的身体状况、情绪等，并及时提供帮助。例如，发现老年人体力不支时，工作者应及时上前搀扶，保障老年人在运动中的安全；如果有肢体残疾的老年人参加活动，工作者应予以特别关照，避免老年人因残疾部位缺乏力量而受伤。在活动结束后，工作者应协助老年人安全、有序地离场。

老年人在运动中过于卖力也可能会受伤。假如你是工作者，遇到这种情况时，你会怎么做？

（三）寻求专业人员的支持

有些运动类老年活动会涉及一些专业技能，为了保障老年人的安全，为老年人提供科学的指导，工作者应寻求专业人员的支持。例如，在某社区举办的“快乐健身社区行”系列活动中，工作者邀请了国家级健身气功社会体育指导员、市健身气功协会主席为参加活动的老年人讲解、演示健身气功的习练方法和要领，并为老年人纠正易错动作，从而推动活动顺利开展。

三、运动类老年活动评估的要点

在运动类老年活动结束后，工作者应进行活动过程评估和活动效果评估。

活动过程评估的要点如下：① 活动类型和运动强度是否适合老年人的身体状况（例如，如果老年人出现间歇性跛行、呼吸急促等情况，就说明运动强度过大）；② 活动内容是否完整，是否进行了准备活动和放松活动；③ 活动场地、活动设施是否足够安全；④ 工作者是否在活动中密切关注老年人的反应，是否及时、有效地处理了突发状况。

活动效果评估的要点主要是老年人参加活动前后的身心变化，通过科学、全面的评估，可以为老年人制订更加合理、有效的运动方案。

任务实施

模拟策划与实施运动类老年活动

【任务描述】

请根据本项目任务一中任务实施的内容，针对本小组选择的老年活动类型，撰写老年活动策划方案，并模拟活动实施过程。

【实施流程】

（1）学生根据本项目任务一任务实施中的分组情况进行分组。

（2）小组长组织小组成员确定老年活动策划方案的各项内容，并安排小组成员分工撰写策划方案。小组长进行汇总、修改，形成最终策划方案。

（3）各小组进行内部分工，分角色模拟活动实施过程。

（4）教师对各小组的活动成果进行点评。

学习成果自测

1．填空题

（1）普通运动包括________、________、________等。

（2）______是指徒手或用道具进行各种动作操练的运动方式。

2．单项选择题

（1）（　　）是一种介于散步与竞走之间的运动方式。

A．健步走　　B．健身跑

C．慢跑　　D．快跑

（2）以下选项中，（　　）不属于中国传统运动。

A．太极拳　　B．健身气功

C．广场舞　　D．抖空竹

（3）以下选项中，（　　）属于趣味运动。

A．拍拍操　　B．套圈

C．五禽戏　　D．八段锦

（4）（　　）是运动类老年活动的主要内容，持续时间一般为30—60分钟。

A．热身游戏　　B．准备活动

C．基本活动　　D．放松活动

3．简答题

（1）与普通运动相比，趣味运动具有哪些特点？

（2）简述运动类老年活动在老年人生理方面的作用。

（3）简述运动类老年活动实施的要点。

学习成果评价

请进行学习成果评价，并将评价结果填入表 3-8 中。

表 3-8　学习成果评价表

<table>
<tr><td>班级</td><td colspan="2"></td><td>姓名</td><td></td><td>学号</td><td></td></tr>
<tr><td>评价项目</td><td colspan="2">评价内容</td><td>评价方式</td><td>满分</td><td>评分</td></tr>
<tr><td rowspan="6">知识
（40%）</td><td colspan="2">运动类老年活动的概念</td><td rowspan="6">理论测试</td><td>4</td><td></td></tr>
<tr><td colspan="2">常见的运动类老年活动</td><td>8</td><td></td></tr>
<tr><td colspan="2">运动类老年活动的作用</td><td>8</td><td></td></tr>
<tr><td colspan="2">运动类老年活动策划的要点</td><td>7</td><td></td></tr>
<tr><td colspan="2">运动类老年活动实施的要点</td><td>7</td><td></td></tr>
<tr><td colspan="2">运动类老年活动评估的要点</td><td>6</td><td></td></tr>
<tr><td rowspan="2">技能
（40%）</td><td colspan="2">能够策划运动类老年活动</td><td rowspan="2">实践操作</td><td>20</td><td></td></tr>
<tr><td colspan="2">能够参与运动类老年活动的实施与评估</td><td>20</td><td></td></tr>
<tr><td rowspan="4">素养
（20%）</td><td colspan="2">学习态度良好，积极、主动地学习、思考</td><td rowspan="4">综合评价</td><td>5</td><td></td></tr>
<tr><td colspan="2">具有团队精神，积极与他人合作</td><td>5</td><td></td></tr>
<tr><td colspan="2">具有尊老敬老、孝老爱亲的品质</td><td>5</td><td></td></tr>
<tr><td colspan="2">具有服务意识，自觉做好服务工作</td><td>5</td><td></td></tr>
<tr><td colspan="4">合计</td><td>100</td><td></td></tr>
<tr><td>自我评价</td><td colspan="5"></td></tr>
<tr><td>教师评价</td><td colspan="5"></td></tr>
</table>

项目四
益智类老年活动策划与实施

项目引言

益智类老年活动形式丰富，趣味性强。开展益智类老年活动，在促进老年人身心健康、推动老龄事业发展、实现老有所乐等方面发挥着重要作用。老年活动工作者应当对常见的益智类老年活动有所了解，并掌握益智类老年活动策划、实施与评估的要点，从而合理组织、安排益智类老年活动。

知识目标

- 理解益智类老年活动的概念。
- 熟悉常见的益智类老年活动。
- 了解益智类老年活动的作用。
- 掌握益智类老年活动策划的要点。
- 掌握益智类老年活动实施的要点。
- 掌握益智类老年活动评估的要点。

素质目标

- 了解中国传统益智玩具，体会其中蕴含的智慧与文化，致力于弘扬中华优秀传统文化，培育创新意识。

任务一　认识益智类老年活动

任务导入

某天下午，H养老院举办了一场“趣味健脑”益智活动，用一系列益智游戏帮助老年人开动脑筋、享受思考的乐趣。

“李奶奶，这是四色走位棋（见图4-1），您想一想，怎样在轨道上滑动这些棋子，才能让它们的颜色排列方式和卡片中的示意相同？”在工作者的引导下，老年人们迅速进入状态，全神贯注地投入游戏中。“太好了，我已经拼好两列了，马上就要成功了！”老年人们三三两两地聚在一起，一边讨论一边操作，每成功拼好一列，就会激动地欢呼。

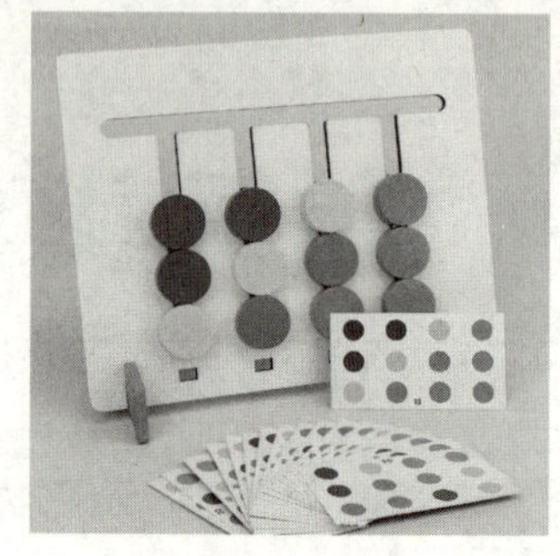

图4-1　四色走位棋

正在玩火柴拼图的老年人们也不甘示弱——大家根据图示摆弄着火柴棍，拼出了一个个复杂的图形。看着自己拼成的图形，王奶奶高兴得直拍手。“以前总觉得这些东西是小孩子玩的，从来没接触过，没想到会这么有趣。”王奶奶兴奋地说。

“参加益智类老年活动不仅可以锻炼老年人们的动手、动脑能力，还能让他们在活动中增进交流，获得乐趣。”组织活动的H养老院相关工作人员表示。

思考：

（1）什么是益智类老年活动？

（2）常见的益智类老年活动有哪些？

（3）益智类老年活动对老年人具有哪些作用？

一、什么是益智类老年活动

益智类老年活动是指能够促进老年人智力发展，使其增长智慧、延缓大脑功能衰退的活动。在益智类老年活动中，老年人可以通过观察、想象、推理、判断、动手操作等完成一定的任务或达成一定的目标，并从中获得乐趣。

二、常见的益智类老年活动

益智类老年活动通常以各类智力运动、益智游戏、益智玩具等为载体。常见的益智类老年活动有棋牌类老年活动、图文游戏类老年活动、玩具类老年活动等。

（一）棋牌类老年活动

棋牌类老年活动以棋牌运动或棋牌游戏为载体，常见的有象棋、跳棋、围棋（见图 4-2）、五子棋、桥牌（见图 4-3），以及棋牌类桌游等。棋牌类老年活动集科学性、趣味性于一体，且多数具有较强的竞技性。在棋牌类老年活动中，老年人需要基于棋子或牌面的特征，按照一定的规则制订战略、解决矛盾、处理问题。

图 4-2　围棋

图 4-3　桥牌

小贴士

桌游即桌面游戏，是指在特定图板或盘面上按照一定规则操作棋子、卡牌或其他道具的多人游戏。桌游规则丰富，主题多样，具有较强的趣味性与开放性，各年龄段的玩家都可以从中获得乐趣。

（二）图文游戏类老年活动

图文游戏类老年活动是指以对图形、文字、阿拉伯数字等符号的感知、辨识、记忆、计算等为主要内容的活动，可以分为图形游戏活动、文字游戏活动与数字游戏活动，如表 4-1 所示。

数独与 24 点游戏规则

表 4-1　图文游戏类老年活动的分类

类别	主要元素	考查能力	常见活动
图形游戏活动	抽象或具象的图形	观察能力、认知能力、记忆力、发散思维能力等	图形连连看 图形翻翻乐 你画我猜
文字游戏活动	文字及其承载的语言	记忆力、语言能力、联想能力、抽象思维能力等	猜字谜 成语接龙 连词成句
数字游戏活动	阿拉伯数字	计算能力、逻辑推理能力等	数独 24 点

视野拓展

图形翻翻乐

图形翻翻乐是一种简单而有趣的益智游戏，适合2名及以上老年人同时参加，能够锻炼老年人的图形认知能力、空间记忆能力等。其游戏步骤如下：

（1）准备若干组背面相同、正面画有图形的卡片，其中每组包含2张正面图形相同的卡片，如图4-4所示（卡片正面的图形也可以用词语、数字、颜色等代替，以针对不同认知状况的老年人，锻炼其相应领域的认知能力）。

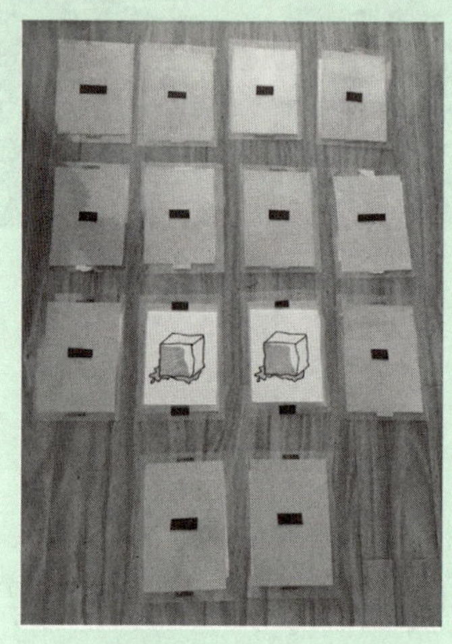

图4-4 准备卡片

（2）将卡片顺序打乱，背面朝上摆放整齐。

（3）老年人轮流翻卡片，每位老年人一次翻2张。若翻到同组卡片，则将其取出并放在自己面前；若未翻到同组卡片，则将其背面朝上摆放整齐。重复此步骤，直到所有卡片均被取出。

（4）清点每位老年人面前的卡片，数量最多者获胜。

（三）玩具类老年活动

玩具类老年活动以益智玩具为载体。老年人需要经过认真观察、仔细思考后操作玩具，将其设定或恢复为一定状态，从而达到益智的效果，并获得成就感。益智类老年活动中常用的益智玩具包括七巧板、九连环、华容道、鲁班锁等中国传统益智玩具，以及积木、拼图等，如图4-5所示。

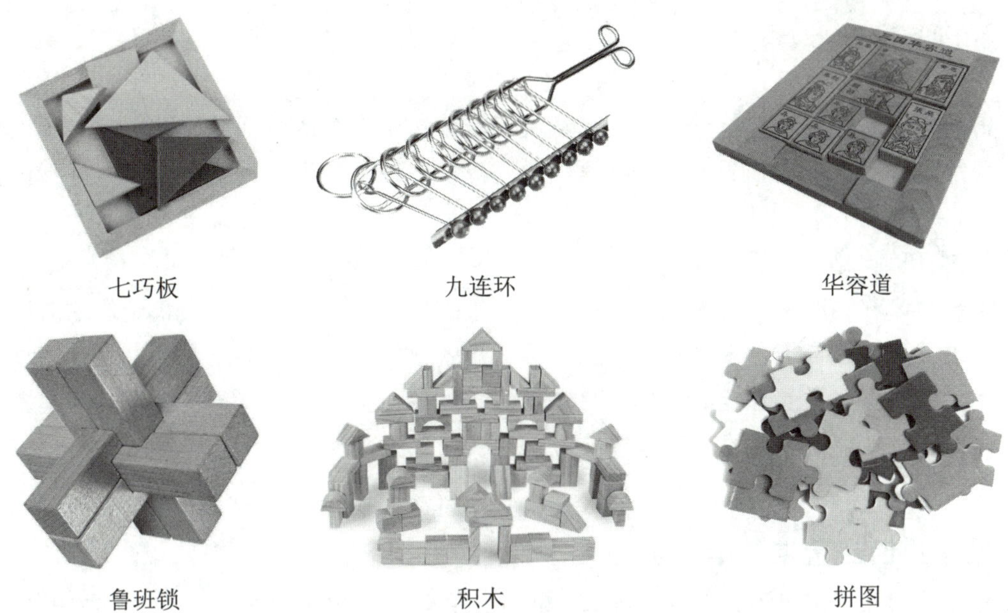

图 4-5 益智类老年活动中常用的益智玩具

视野拓展

中国传统益智玩具

构思精巧的中国传统益智玩具是中国劳动人民智慧的结晶。具有代表性的中国传统益智玩具有七巧板、九连环、华容道、鲁班锁等。

1. 七巧板

七巧板由宋代的燕几图（燕几即可以错综分合的案几）演变而来，最初由6张或7张方形案几组成，可以排列组合成多种几何图形。到了明代，方形案几被改造为三角形案几，即“蝶翅几”，可拼出的图案更加丰富。到了清代，案几被进一步简化改造，成为游戏器具。如今的七巧板由7块薄片组成，聚合起来呈正方形，分开后可以拼成各种概括性较强的图形，如图4-6所示。千变万化的七巧板可以有效锻炼玩家的观察力、想象力与创造力，兼具娱乐价值、教育价值与艺术价值。

图 4-6 用七巧板拼成的图形

2. 九连环

九连环的主体是用金属丝制成的9个圆环，套装在横板或各式框架上，并贯穿在环柄上。按照一定的程序反复操作，可以使圆环与环柄解开或套合。

3. 华容道

华容道得名于著名三国故事《华容道义释曹操》，属于滑块类玩具。玩家需要在规定范围内，按照特定条件移动滑块，完成特定目标。华容道的灵活性较强，玩家可以通过改变滑块排布方式设置不同的开局方式，也可以通过改变滑块的形状、图案等形成其他玩法。

4. 鲁班锁

鲁班锁又称孔明锁、八卦锁等，是一种三维拼插玩具，源于中国古代建筑中的榫卯结构。最常见的鲁班锁由6根短木构成，每根短木中间有缺口，各短木可以通过缺口互相咬合，组成一个严丝合缝的整体。鲁班锁易拆难装，在组装时需要仔细观察，认真分析其内部结构。根据榫形的不同，鲁班锁也可以衍生出多种类别，极具趣味性。

（四）其他益智类老年活动

在实践中，通常可以将多种元素融合，形成综合性益智类老年活动，以增强活动的趣味性与挑战性。例如，将纸牌与文字游戏结合，可以形成汉字纸牌（见图4-7）游戏；将华容道与数字游戏结合，可以形成数字华容道（见图4-8）游戏，等等。

图4-7 汉纸字牌

图4-8 数字华容道

此外，电子游戏也可以作为益智类老年活动的载体。电子游戏是指依托电脑、手机、游戏机等电子设备运行的交互游戏，其内容丰富，且具有极强的拓展性。多数益智类老年活动都可以通过电子游戏的方式呈现，如“全民象棋”“欢乐斗地主”“连连看”“推箱子”“俄罗斯方块”等。

三、益智类老年活动的作用

对老年人来说，益智类老年活动在生理、心理与社会方面都具有积极作用。

（一）生理方面

1．提高感官灵敏度

在益智类老年活动中，老年人需要通过触觉、听觉、视觉等全面采集信息，从而使各类感官得到充分的刺激，有利于提高感官灵敏度。例如，在棋牌类老年活动中，老年人需要通过视觉判断棋子布局或牌的花色、点数，并通过听觉获取他人的落子或出牌信息。

2．增强大脑机能

参加益智类老年活动的过程也是开动脑筋的过程，在此过程中，老年人需要综合运用观察能力、理解能力、逻辑思维能力、综合分析能力、记忆力、想象力等，从而使自己的大脑机能得以增强，预防各类脑部疾病，延缓脑部疾病的病程。

3．促进身体协调

益智类老年活动往往需要手、眼、脑等多个部位配合才能完成，可以锻炼老年人手部的灵活性，提高其手眼协调能力和手脑协调能力。

在“老有所玩”中预防认知障碍

“请大家伸出双手，左手出布，右手出锤，跟着节奏互换！”在上海市某老年人日间照料中心活动室，一场以游戏干预疗法为切入点的益智类老年活动正在进行。一名工作者缓慢演示布锤互换手指操，在座的 10 余位老年人跟着她一起活动双手。虽然许多老年人一开始觉得有些难度，但经过反复练习之后，大家都掌握了动作要领。

通过布锤互换手指操锻炼了手脑协调能力后，大家又玩起了抽木棒游戏（见图 4-9）。工作者将现场老年人分为三组，各组需要在保持圆环不掉落的前提下，轮流抽取对应颜色的木棒。“抽这根黄色的。”“应该抽这根，这里支撑点更多。”老年人们仔细观察立在桌上的木棒，分析每一根木棒的着力点，玩得既紧张又开心。工作者介绍，对老年人来说，参加抽木棒游戏不仅能锻炼手眼协调能力，还有助于提高空间感知能力和反应能力，能在很大程度上预防认知障碍。

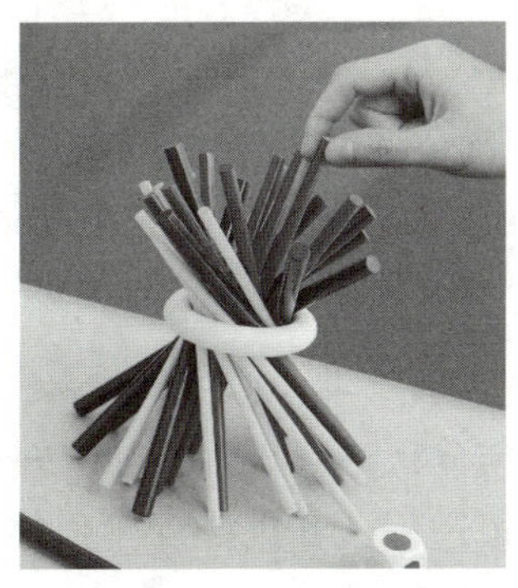

图 4-9 抽木棒游戏

工作者还介绍，认知障碍的发生一般是从短期记忆出现偏差开始的，如果提早干预，可以有效延缓疾病的进程。本次活动中的游戏干预疗法易于操作且不受场地限制，老年人在学会后，可以随时随地进行有效锻炼，从而增强大脑机能，延缓大脑衰老。

“每个人都会老，提前学习一些锻炼大脑的方法很有意义。”参加活动的张奶奶说。她表示自己十分喜欢本次活动，以后也会和老伴儿一起做活动中学到的游戏，以锻炼大脑，预防认知障碍。

资料来源：徐梦露. 长宁这里的老人在“玩游戏”中预防认知障碍 [N/OL]. (2023-07-18). 新民网.

（二）心理方面

益智类老年活动具有较强的趣味性，在活动过程中，老年人可以获得乐趣和成就感，放松心情，消除负面情绪，缓解精神压力。

（三）社会方面

许多益智类老年活动都需要多人共同参加。例如，多数棋牌类老年活动都需要多人竞争，一些图文游戏类老年活动需要多人合作完成。无论是竞争还是合作，老年人都可以在此过程中增进友谊，培养团队意识，促进人际关系的发展。

任务实施

益智类老年活动体验与分析

【任务描述】

益智类老年活动需要基于一定的规则进行。在活动开始前，工作者需要为老年人讲解相应规则；在活动过程中，工作者也需要适时提供引导。为了更好地为老年人提供指导与帮助，同时更加深入地了解老年人的需求，优化活动内容与流程，有必要对益智类老年活动进行体验与分析。

【实施流程】

（1）学生自由分组，每组 3—5 人，并选出一名小组长。

（2）各小组从本任务所讲的益智类老年活动中选择一种，小组中一人扮演工作者，其他人扮演老年人，模拟实施该活动。小组长以影像或文字等方式记录实施过程。

（3）小组成员结合自身体验，详细分析该活动对老年人有哪些益处，以及如何改进才能使活动更加有趣，更加符合老年人的生理、心理特征。

（4）小组长对活动实施过程与分析结果进行整理，并以 PPT 的形式进行汇报。

（5）教师观看各小组长的汇报过程，并进行点评。

任务二　掌握益智类老年活动策划与实施的要点

任务导入

某天，A社区举办了一场“棋牌大乱斗”老年棋牌活动，活动现场划分了扑克牌区、麻将区、象棋区、五子棋区……各路高手齐聚一堂，共同享受博弈的乐趣。然而，一场意外却让大家不欢而散。

原来，在象棋区的一场对弈中，一方的刘爷爷开局不利，便故意露出破绽，打算“诱敌深入”，待对手不注意再“一招制敌”。然而，就在刘爷爷马上就要得手时，一名旁观者却提醒对手：“不能这么走，这是个陷阱。”这一提醒，刘爷爷的计划落了空。眼看就要输棋，气愤的刘爷爷与该旁观者产生了激烈争执。虽然经过现场多名工作者的劝导，事态得以平息，但原本欢快的氛围被破坏，活动不得不在一片议论声中提前结束。

思考：

（1）此次活动中为什么会出现上述问题？

（2）策划与实施益智类老年活动的要点有哪些？

一、益智类老年活动策划的要点

（一）难度合理

益智类老年活动的挑战性是趣味性的主要来源之一，因此，在策划益智类老年活动时，要合理设置活动难度。若难度过低，则老年人难以体会到活动的乐趣；若难度过高，则老年人易产生挫败感，降低活动积极性。具体而言，应当从以下两个方面合理设置活动难度：

（1）设定难度适宜的活动规则。益智类老年活动的难度往往取决于其活动规则，有时即便使用了相同的道具，但采用的活动规则不同，活动难度也会大相径庭。在策划益智类老年活动时，要根据老年人的能力合理设置活动规则，使老年人能够从活动中获得乐趣和成就感。

（2）匹配水平相近的竞争对手。许多益智类老年活动具有一定的竞技性，在策划此类活动时，要根据各位参加者的水平为其合理匹配竞争对手，使水平相近的老年人同台竞技。这样可以使竞技的双方或多方都发挥自己的真实水平，体会到活动的乐趣。

课堂互动

以一副扑克牌为道具，你可以设计出哪些益智类活动？其中哪些活动难度适宜、适合老年人参加？对于难度过高的活动，可以如何改变其规则，使其适合老年人参加？

（二）时间适度

在益智类老年活动中，老年人往往会因注意力高度集中而长时间保持同一姿势，从而产生肩颈疼痛、手臂麻木、头晕目眩等不适症状。因此，在策划益智类老年活动时，要合理安排活动流程和活动时间，避免因活动时间过长而影响老年人的身体健康。

一般来说，单个益智类老年活动项目的持续时间不宜超过 1 小时，建议每隔 40 分钟设置一段休息或运动时间。

（三）满足老年人的需求

不同老年人对益智类老年活动的需求不同，在策划益智类老年活动时，要考虑各老年人的生理、心理特征，设计能够满足其需求的活动内容。例如，对于智力健全的老年人，在策划时应注重活动的趣味性与挑战性，使其能够充分体验活动的乐趣；对于失智老年人，应根据其大脑功能的退化情况，有针对性地设计可以减轻其相应症状的活动内容，以达到控制病情的效果。

老有所乐，乐在“棋”中——A 社区老年象棋比赛活动策划方案

1．活动名称

老有所乐，乐在“棋”中——A 社区老年象棋比赛活动。

2．活动目标

（1）锻炼老年人的思维能力。

（2）丰富老年人的精神文化生活。

（3）加强老年人之间的交流，促进老年人社会支持网络的构建，增强社区的凝聚力。

3．参加对象

A 社区老年业余象棋爱好者，限额 32 人。

4．活动时间

2023 年 10 月 20 日至 22 日。

5．活动地点

A 社区老年服务中心 102 室。

6．报名事项

报名时间：2023 年 10 月 7 日至 15 日，每天 9:00—17:00。

报名方式：至 A 社区老年服务中心一楼接待处报名。

联系人：陈先生。

联系方式：××××-×××××××××。

7. 组织单位

主办单位：××市××区××街道办事处。

承办单位：A 社区居委会。

协办单位：××市老年协会、××市棋牌协会。

8. 人员安排

人员安排如表 4-2 所示。

表 4-2　人员安排

工作	具体内容	负责人
调研	调研辖区内老年人参加活动的意愿，统计参加活动的老年人数量并了解其象棋水平	孙××
人员筹备	与××市棋牌协会合作，招募并培训 8 名裁判	林××
物资筹备	（1）购买象棋、计时器等比赛用品。 （2）购买矿泉水、休闲食品。 （3）购买奖品、纪念品。 （4）准备、调试设备。	毛××
场地筹备	（1）打扫场地。 （2）布置场地。	刘××
宣传	（1）在日常社区活动中向老年人宣传。 （2）在网络平台宣传。 （3）活动现场拍摄。 （4）发布自媒体稿件。	李××

9. 活动流程

活动流程如表 4-3 所示。

表 4-3　活动流程

时间		活动内容	
10 月 20 日	15:00—15:20	赛前准备	（1）裁判讲解比赛规则，如胜负判定规则、计时方法、犯规情况等。 （2）为所有参赛老年人分配号码。 （3）参赛老年人自由对弈热身，熟悉环境和设备。
	15:20—15:50	16 强赛第一轮	16 名老年人两两对弈，获胜的 8 人进入 16 强
	15:50—15:55	中场休息	工作者带领老年人活动身体
	15:55—16:25	16 强赛第二轮	剩余的 16 名老年人两两对弈，获胜的 8 人进入 16 强

续表

时间		活动内容	
10月20日	16:25—16:30	中场休息	工作者带领老年人活动身体
	16:30—17:00	8强赛	进入16强的老年人两两对弈，获胜的8人进入8强
	17:00—17:10	交流与总结	参赛老年人交流心得体会，主持人对本次比赛做出阶段性总结
10月21日	15:00—15:10	赛前准备	裁判强调比赛规则，参赛老年人自由对弈热身
	15:10—15:40	4强赛	进入8强的老年人两两对弈，获胜的4人进入4强
	15:40—15:45	中场休息	工作者带领老年人活动身体
	15:45—16:15	半决赛	进入4强的老年人两两对弈，获胜的2人进入决赛，剩余的2人进入季军赛
	16:15—16:20	中场休息	工作者带领老年人活动身体
	16:20—16:50	季军赛	进入季军赛的老年人对弈，获胜者为季军
	16:50—17:00	交流与总结	参赛老年人交流心得体会，主持人对本次比赛做出阶段性总结
10月22日	15:00—15:10	赛前准备	裁判强调比赛规则，参赛老年人自由对弈热身
	15:10—15:40	决赛第一轮	进入决赛的老年人进行第一轮对弈
	15:40—15:45	中场休息	工作者带领老年人活动身体
	15:45—16:15	决赛第二轮	进入决赛的老年人进行第二轮对弈
	16:15—16:20	中场休息	工作者带领老年人活动身体
	16:20—16:50	决赛第三轮	进入决赛的老年人进行第三轮对弈，在三轮对弈中获胜次数多者为冠军，另一人为亚军
	16:50—17:00	颁奖与合影	（1）主持人为冠军、亚军、季军颁奖，为其他老年人发放奖品或纪念品。 （2）合影留念。
	17:00—17:10	交流与总结	参赛老年人交流心得体会，获奖老年人发表感言，主持人对本次比赛做出总结

10．经费预算

经费预算如表4-4所示。

表4-4　经费预算

项目	金额/元	预算依据
外聘人员费用	650	裁判补贴费用为每人50元/天，10月20日8人，10月21日4人，10月22日1人，共计650元
餐饮费	140	矿泉水4箱，35元/箱，共计140元

续表

项目		金额/元	预算依据
公杂费	工具与材料费用	1 100	（1）象棋 8 副，50 元/副，共计 400 元。 （2）计时器 10 个（2 个备用），70 元/个，共计 700 元。
	奖品、纪念品费用	730	（1）冠军奖品 1 件，共计 100 元。 （2）亚军奖品 1 件，共计 70 元。 （3）季军奖品 1 件，共计 50 元。 （4）其他进入 8 强者的奖品 5 件，30 元/件，共计 150 元。 （5）纪念品 24 件，15 元/件，共计 360 元。
	休闲食品费用	160	
宣传费		50	横幅 1 条，共计 50 元
预备费		170	
总计		3 000	

11．应急预案

应急预案如表 4-5 所示。

表 4-5　应急预案

突发状况	预防与应对措施
老年人跌倒、晕倒等	（1）确保活动场地地面平整，无水渍和障碍物。 （2）安排医护人员在活动现场进行监护。 （3）如果发生老年人跌倒、晕倒等情况，则由医护人员进行急救，必要时可送其就医。
老年人之间发生争执	（1）在活动开始前强调“友谊第一，比赛第二”。 （2）在活动中加强巡视，发现老年人有发生争执的迹象，立即上前劝阻。
老年人与裁判发生争执	在活动前做好裁判培训工作，使其掌握与老年人沟通的技巧

12．其他事项

（1）在活动开始前，要根据参赛老年人的象棋水平合理分配 16 强赛的对弈分组。

（2）在活动过程中，要做好现场秩序维护工作，及时制止观众的不当行为，如为对弈者提供建议等。

（3）在决赛环节，如果一方已连胜两轮，应鼓励双方继续完成第三轮比赛。

动手动脑，健康享老——H 养老院益智周活动策划方案

1．活动名称

动手动脑，健康享老——H 养老院益智周活动。

2．活动目标

（1）丰富老年人的精神文化生活。

（2）帮助患有轻度认知障碍的老年人锻炼大脑机能，延缓疾病进程。

（3）促进老年人之间的交流与合作，创建和谐的老年生活环境。

3．参加对象

H 养老院内的健康老年人和患有轻度认知障碍的老年人，约 20 人。

4．活动时间

2024 年 3 月 4 日至 10 日。

5．活动地点

H 养老院综合活动室。

6．人员安排

人员安排如表 4-6 所示。

表 4-6　人员安排

工作	具体内容	负责人
调研	调研养老院内老年人参加活动的意愿，评估其认知能力	赵××
物资筹备	（1）购买材料与玩具。 （2）制作活动所需道具。	王××
场地筹备	（1）打扫场地。 （2）布置场地。	杨××
宣传	（1）在提供日常服务时向老年人宣传。 （2）活动现场拍摄。 （3）发布自媒体稿件。	张××

7．活动流程

活动流程如表 4-7 所示。

表 4-7　活动流程

<table>
<tr><th>活动主题</th><th colspan="2">时间</th><th colspan="2">活动内容</th></tr>
<tr><td rowspan="3">“棋”开得胜</td><td rowspan="3">3 月 4 日</td><td>9:30—9:35</td><td>活动准备</td><td>工作者带领老年人活动身体并介绍活动内容</td></tr>
<tr><td>9:35—9:45</td><td>热身游戏：“井”字棋</td><td>（1）工作者为所有老年人分发纸笔，并介绍游戏规则（轮流在“井”字形棋盘上画“○”或“×”，先将三个相同标记连成一条直线者获胜）。
（2）老年人自由分组（2 人一组），在工作者的指导下进行游戏。</td></tr>
<tr><td>9:45—10:15</td><td>跳棋</td><td>（1）工作者讲解跳棋的玩法。
（2）老年人自由分组（2—3 人一组），在工作者的指导下进行游戏。</td></tr>
</table>

续表

活动主题	时间		活动内容	
“棋”开得胜	3月4日	10:15—10:20	中场休息	工作者带领老年人活动身体
		10:20—10:50	黑白棋	（1）工作者讲解黑白棋的玩法。 （2）老年人自由分组（2人一组），在工作者的指导下进行游戏。
		10:50—10:55	中场休息	工作者带领老年人活动身体
		10:55—11:25	跳棋、黑白棋	老年人自由分组，自由选择玩跳棋或黑白棋
		11:25—11:30	总结	工作者引导老年人交流心得体会，并介绍下次活动的内容
字里行间	3月5日	15:30—15:35	活动准备	工作者带领老年人活动身体并介绍活动内容
		15:35—15:45	热身游戏：汉字翻翻乐	（1）工作者摆好道具，并讲解游戏规则（轮流翻开写有汉字的卡片，一次翻两张。若翻到汉字相同的卡片，则将其取出并放在自己面前；若未翻到汉字相同的卡片，则将其背面朝上摆放整齐。最终面前卡片数量最多者获胜）。 （2）老年人自由分组（2—3人一组），在工作者的指导下进行游戏。
		15:45—16:15	填字游戏	（1）工作者发放填字题目，并讲解游戏规则（根据提示在空格内填上适当的文字）。 （2）老年人自由分组（2—3人一组），在工作者的指导下合作完成题目。
		16:15—16:20	中场休息	工作者带领老年人活动身体
		16:20—16:55	汉字纸牌	（1）工作者讲解游戏规则（每人持若干纸牌，牌面上印有汉字部件。轮流取纸牌，如果发现手中有两张能组成汉字的纸牌，即可将其放在桌面上。先将手中的纸牌放完者获胜）。 （2）老年人自由分组（2—3人一组），在工作者的指导下进行游戏。
		16:55—17:00	总结	工作者引导老年人交流心得体会，并介绍下次活动的内容
玩物益智	3月6日	9:30—9:35	活动准备	工作者带领老年人活动身体并介绍活动内容
		9:35—9:45	热身游戏：鲁班锁	工作者发放鲁班锁，并指导老年人拆分、组合

续表

活动主题	时间		活动内容	
玩物益智	3月6日	9:45—10:15	叠叠乐	（1）工作者摆好叠叠乐，并讲解玩法（轮流掷骰子，根据骰子点数，从木块叠成的木塔中抽取写有相应数字的木块，并将其放在木塔顶端，抽取过程中木塔倒塌则失败）。 （2）老年人自由分组（2—4 人一组），在工作者的指导下进行游戏。
		10:15—10:20	中场休息	工作者带领老年人活动身体
		10:20—10:50	华容道	（1）工作者发放华容道，并讲解玩法。 （2）老年人在工作者的指导下，单独或合作进行游戏。
		10:50—10:55	中场休息	工作者带领老年人活动身体
		10:55—11:25	鲁班锁、叠叠乐、华容道	老年人自由分组，自由选择玩鲁班锁、叠叠乐或华容道
		11:25—11:30	总结	工作者引导老年人交流心得体会，并介绍下次活动的内容
数一数二	3月7日	15:30—15:35	活动准备	工作者带领老年人活动身体并介绍活动内容
		15:35—15:45	热身游戏：数字魔方	（1）工作者发放数字魔方（见图 4-10），并讲解玩法（扭动带有数字或运算符号的旋转块，使其组成能够得到指定运算结果的算式）。 图 4-10　数字魔方 （2）老年人自由分组（2—3 人一组），在工作者的指导下进行游戏。
		15:45—16:15	数独	（1）工作者发放数独题目，并讲解游戏规则。 （2）老年人自由分组（2—3 人一组），在工作者的指导下合作完成题目。
		16:15—16:20	中场休息	工作者带领老年人活动身体
		16:20—16:55	数字魔方、数独、24 点	（1）工作者讲解 24 点的游戏规则。 （2）老年人自由分组，自由选择玩数字魔方、数独或 24 点。
		16:55—17:00	总结	工作者引导老年人交流心得体会，并介绍下次活动的内容

续表

活动主题	时间		活动内容	
图形天地	3月8日	9:30—9:35	活动准备	工作者带领老年人活动身体并介绍活动内容
		9:35—9:45	热身游戏：七巧板	工作者发放七巧板，并指导老年人将其拼成指定形状
		9:45—10:15	你画我猜	（1）工作者讲解游戏规则。 （2）老年人自由分组（2人一组），进行游戏。
		10:15—10:20	中场休息	工作者带领老年人活动身体
		10:20—10:50	拼图	（1）工作者发放拼图与示意图。 （2）老年人自由分组（3—4人一组），合作拼图。
		10:50—10:55	中场休息	工作者带领老年人活动身体
		10:55—11:25	拼图	老年人继续拼图
		11:25—11:30	总结	工作者引导老年人交流心得体会，并介绍下次活动的内容
五颜六色	3月9日	15:30—15:35	活动准备	工作者带领老年人活动身体并介绍活动内容
		15:35—15:45	热身游戏：颜色翻翻乐	（1）工作者摆好道具，并讲解游戏规则（轮流翻开涂有颜色的卡片，一次翻两张。若翻到颜色相同的卡片，则将其取出并放在自己面前；若未翻到颜色相同的卡片，则将其背面朝上摆放整齐。最终面前卡片数量最多者获胜）。 （2）老年人自由分组（2—3人一组），在工作者的指导下进行游戏。
		15:45—16:15	四色走位棋	（1）工作者发放四色走位棋，并讲解玩法（在轨道上滑动不同色彩的棋子，使相同色彩的棋子位于同一列，或使棋子按照其他指定方式排列）。 （2）老年人在工作者的指导下，单独或合作进行游戏。
		16:15—16:20	中场休息	工作者带领老年人活动身体
		16:20—16:55	四色走位棋、色彩华容道	（1）工作者发放色彩华容道，并讲解玩法（滑动不同色彩的滑块，使相同色彩的滑块位于同一行，或使滑块按照其他指定方式排列）。 （2）老年人自由分组，自由选择玩四色走位棋或色彩华容道。
		16:55—17:00	总结	工作者引导老年人交流心得体会，并介绍下次活动的内容

续表

活动主题	时间		活动内容	
综合提升	3月10日	9:30—9:45	活动准备	工作者带领老年人活动身体并回顾往次活动的内容
		9:45—11:15	自由娱乐	老年人自由分组，自由选择玩自己喜欢的游戏或玩具，其中10:25—10:35为中场休息时间
		11:15—11:30	总结	工作者引导老年人交流心得体会，并对益智周活动做出全面回顾与总结，鼓励老年人在日常多进行益智活动

8. 经费预算

经费预算如表4-8所示。

表4-8 经费预算

项目	金额/元	预算依据
公杂费	2 000	（1）纸、笔若干，共计30元。 （2）跳棋8副，25元/副，共计200元。 （3）黑白棋10副，20元/副，共计200元。 （4）汉字纸牌8副，10元/副，共计80元。 （5）鲁班锁六件套4套，45元/套，共计180元。 （6）叠叠乐8套，20元/套，共计160元。 （7）华容道20套，10元/套，共计200元。 （8）数字魔方20个，10元/个，共计200元。 （9）扑克牌10副，2元/副，共计20元。 （10）七巧板20套，4元/套，共计80元。 （11）拼图6盒，25元/盒，共计150元。 （12）四色走位棋20套，15元/套，共计300元。 （13）色彩华容道20套，10元/套，共计200元。
预备费	200	
总计	2 200	

9. 应急预案

应急预案如表4-9所示。

表4-9 应急预案

突发状况	预防与应对措施
老年人跌倒、晕倒等	（1）确保活动场地地面平整，无水渍和障碍物。 （2）安排医护人员在活动现场进行监护。 （3）如果发生老年人跌倒、晕倒等情况，则由医护人员进行急救，必要时可送其就医。
老年人之间发生争执	安抚老年人的情绪，并根据矛盾内容进行调解
老年人无法完成游戏	适当提示，或为其换一个简单的游戏

10. 其他事项

（1）在活动开始前，要仔细检查游戏道具，确保其安全、完好。

（2）在进行跳棋、黑白棋等具有竞技性的游戏时，要根据各老年人的认知能力判断分组是否合理。如果不合理，需要及时调整。

二、益智类老年活动实施的要点

（一）做好安全监护工作

多数益智类老年活动中都需要用到道具，这些道具虽然危险性较低，但仍有可能对老年人造成一定伤害。例如，薄卡片的边缘可能会割伤老年人；细小的玩具零件可能会被老年人吞下，从而引发窒息；等等。因此，在实施益智类老年活动时，工作者应从以下几个方面做好安全监护工作：

益智类老年活动安全监护策略

（1）在活动开始前，仔细检查活动所需的道具，排除潜在风险。

（2）在活动过程中，指导老年人正确使用道具，并及时制止老年人的危险行为，如破坏道具、吞咽道具等。

（3）在活动结束后，仔细清点道具数量，检查道具的完整性，确保老年人未将道具带出活动场地，并维修或更换受损道具。

（二）做好心理干预

在具有竞技性与挑战性的益智类老年活动中，失败在所难免，因此在实施益智类老年活动时，要对老年人做好心理干预。在活动开始前，要引导老年人正确看待活动结果，注重享受活动过程；在活动过程中，要鼓励老年人加强交流与合作，分享经验和技巧，以营造和谐的活动氛围。

（三）维护现场秩序

一些益智类老年活动的竞技性较强，如多数棋牌类活动。在这些活动的实施过程中，工作者应注意维护现场秩序，避免老年人因过分计较输赢而发生争执。此外，工作者还应严格监督老年人的行为，引导其健康竞技，避免出现赌博行为。

（四）适当引导

益智类老年活动往往具有一定的挑战性，老年人若长时间无法完成挑战，则容易失去对活动的兴趣。因此，在益智类老年活动过程中，工作者应注意观察老年人的活动情况，如果有老年人求助或发现老年人遇到难以解决的困难，应及时给予提示和帮助。需要注意的是，在活动中要尊重老年人的自主性和创造性，让老年人享受探索与挑战的乐趣，不能过度引导。

同步案例

与老年人共享快乐

某社区的养老服务驿站专门为老年人打造了“游乐园”，引入了16款乐龄游戏，助力老年人老有所乐。

王某是乐龄游戏的设计者之一。在他看来，适合老年人玩的每一款游戏都需要有合理的难度梯度，当老年人已经适应当前游戏难度时，可以通过调整游戏规则来增加难度，发现老年人可能有挫败感之后就停止增加难度。“此外，除了具有竞争性的游戏，还应设置一些合作类游戏，鼓励老年人们共同达成一个目标，以增进老年人之间的感情，增强他们的合作意识。”王某说。

在老年人们玩游戏时，游戏设计师叶某一直在旁边观察，如果工作者出现差错，他会第一时间上前纠正。“在老年人玩游戏的过程中，工作者应该融入环境，与老年人共享快乐才对。”叶某表示。此外，他还认为，在指导老年人进行乐龄游戏时，一定要热心、耐心，多给老年人一些时间。“最重要的，就是不要把自己当成老师，而是与老年人一起玩的朋友。”叶某说。

三、益智类老年活动评估的要点

对益智类老年活动过程评估的要点如下：① 活动内容和难度是否合理（可以通过老年人是否对活动产生了浓厚的兴趣、能否坚持参加活动等进行评估）；② 在活动实施过程中，是否做好了安全监护工作和秩序维护工作，在老年人遇到困难时是否进行了适当引导。

此外，许多益智类老年活动的内容也可以作为重要的老年人能力评估工具。因此，在开展这类活动时，要对老年人的表现进行观察与记录，并在活动后重新评估其注意力、记忆力、手眼协调能力、语言表达能力、空间感知能力等，判断这些能力是否有所提高。评估结果可以作为制订照护方案、策划与实施其他老年活动的依据。

任务实施

为A社区撰写老年电子竞技活动策划方案

【任务描述】

为丰富辖区内老年人的精神文化生活，助力老年人跨越“数字鸿沟”，A社区计划举办一场“银龄电竞”老年电子竞技活动，活动内容以简单的益智类电子游戏为主。请拟定活动的具体内容，确定活动目标、人员安排、流程安排、经费预算等，并设想活动实施过程，针对活动中可能出现的突发状况制订应急预案，然后撰写活动策划方案。

【实施流程】

（1）学生自由分组，每组 4—6 人，并选出一名小组长。

（2）各小组成员搜集活动相关资料并进行分析，以小组为单位完成任务。

（3）小组长以 PPT 的形式展示并讲解活动策划方案。

（4）教师观看各小组长的展示与讲解过程，引导学生讨论，并进行点评。

学习成果自测

1. 填空题

（1）益智类老年活动通常以各类智力运动、益智游戏、＿＿＿＿＿＿等为载体。

（2）图文游戏类老年活动可以分为图形游戏活动、＿＿＿＿＿＿活动与＿＿＿＿＿＿活动。

2. 单项选择题

（1）以下选项中，（　　）不属于中国传统益智玩具。

A．七巧板　　B．魔方

C．九连环　　D．鲁班锁

（2）益智类老年活动的难度往往取决于其（　　）。

A．活动道具　　B．活动时间

C．活动规则　　D．参加人数

（3）在益智类老年活动过程中，如果发现有老年人遇到困难，工作者不应（　　）。

A．直接给出正确答案　　B．鼓励其继续思考

C．鼓励其他老年人提供帮助　　D．适当引导

3. 简答题

（1）益智类老年活动对老年人生理方面的作用有哪些？

（2）在实施益智类老年活动时，应如何做好安全监护工作？

学习成果评价

请进行学习成果评价，并将评价结果填入表 4-10 中。

表 4-10　学习成果评价表

<table>
<tr><td>班级</td><td></td><td>姓名</td><td></td><td>学号</td><td colspan="2"></td></tr>
<tr><td>评价项目</td><td colspan="3">评价内容</td><td>评价方式</td><td>满分</td><td>评分</td></tr>
<tr><td rowspan="6">知识
（40%）</td><td colspan="3">益智类老年活动的概念</td><td rowspan="6">理论测试</td><td>4</td><td></td></tr>
<tr><td colspan="3">常见的益智类老年活动</td><td>8</td><td></td></tr>
<tr><td colspan="3">益智类老年活动的作用</td><td>8</td><td></td></tr>
<tr><td colspan="3">益智类老年活动策划的要点</td><td>7</td><td></td></tr>
<tr><td colspan="3">益智类老年活动实施的要点</td><td>7</td><td></td></tr>
<tr><td colspan="3">益智类老年活动评估的要点</td><td>6</td><td></td></tr>
<tr><td rowspan="2">技能
（40%）</td><td colspan="3">能够策划益智类老年活动</td><td rowspan="2">实践操作</td><td>20</td><td></td></tr>
<tr><td colspan="3">能够参与益智类老年活动的实施与评估</td><td>20</td><td></td></tr>
<tr><td rowspan="4">素养
（20%）</td><td colspan="3">学习态度良好，积极、主动地学习、思考</td><td rowspan="4">综合评价</td><td>5</td><td></td></tr>
<tr><td colspan="3">具有团队精神，积极与他人合作</td><td>5</td><td></td></tr>
<tr><td colspan="3">具有尊老敬老、孝老爱亲的品质</td><td>5</td><td></td></tr>
<tr><td colspan="3">具有服务意识，自觉做好服务工作</td><td>5</td><td></td></tr>
<tr><td colspan="5">合计</td><td>100</td><td></td></tr>
<tr><td>自我评价</td><td colspan="6"></td></tr>
<tr><td>教师评价</td><td colspan="6"></td></tr>
</table>

项目五 展示类老年活动策划与实施

项目引言

展示类老年活动是一类社会参与度较高、互动性较强、形式较为多样的老年文化娱乐活动，在促进老年人社会参与、丰富老年人文体休闲生活、营造社会敬老环境等方面发挥着重要作用。老年活动工作者应当对常见的展示类老年活动有所了解，并掌握展示类老年活动策划、实施与评估的要点，从而合理组织、安排展示类老年活动。

知识目标

- 理解展示类老年活动的概念。
- 熟悉常见的展示类老年活动。
- 了解展示类老年活动的作用。
- 掌握展示类老年活动策划的要点。
- 掌握展示类老年活动实施的要点。
- 掌握展示类老年活动评估的要点。

素质目标

- 了解中华优秀传统曲艺、舞蹈、书法、绘画等文化，开阔文化视野，提高文化素养，坚定文化自信。
- 关注老年人的精神文化需求，主动参与构建养老、孝老、敬老的社会环境。

任务一　认识展示类老年活动

任务导入

伴随着音乐声、掌声与欢呼声，A社区一年一度的“九九重阳节，浓浓敬老情”——重阳节老年文艺会演活动在该社区的活动广场拉开了帷幕。每年的重阳节，A社区都会举办老年文艺会演活动，为老年人提供自我展示的舞台。

活动在器乐合奏《喜洋洋》中正式开始，随后，舞蹈《迎盛世举金杯》、独唱《马头琴的传说》、小品《王大妈省钱》、诗朗诵《哈密瓜》、旗袍秀《又见江南雨》等节目依次上演。这些节目的表演者都是A社区的老年人，精彩的表演在激起观众阵阵掌声的同时，也让观众感叹老年人的多才多艺、老年生活的多姿多彩。

思考：

（1）什么是展示类老年活动？

（2）常见的展示类老年活动有哪些？

（3）展示类老年活动对老年人具有哪些作用？

一、什么是展示类老年活动

展示类老年活动是指老年人向特定对象展示某种行为或物品的活动，包含展示者、观众、展示物、展示场所等要素。其中，展示物应满足以下两个条件：① 与老年展示者有关，如老年展示者的技能、收藏品、劳动成果等；② 具有一定的观赏价值。

二、常见的展示类老年活动

根据展示物属性的不同，展示类老年活动可以分为行为展示类老年活动与物品展示类老年活动。

（一）行为展示类老年活动

行为展示类老年活动是指以老年人的行为为展示物的活动，如歌曲演唱、戏剧表演、曲艺表演、舞蹈表演、器乐演奏、朗诵、走秀等。

1. 歌曲演唱

歌曲演唱是较为流行的行为展示类老年活动，通常有独唱、对唱、轮唱、合唱（见图5-1）等形式。其中，独唱是指由一名演唱者单独演唱的形式；对唱是指由两名或两组演唱者进行对答式演唱的形式；轮唱是指将多名演唱者分为两个或两个以上声部，由其按一定时距先后

演唱同一首歌曲的形式；合唱是指由两组及以上演唱者分别按本组所担任的声部演唱同一首歌曲的形式。

图 5-1　合唱

同步案例

唱响时代旋律，凝聚奋进力量

2023 年 6 月 26 日，为了迎接中国共产党成立 102 周年，贯彻落实党的二十大精神，进一步展现新时代老年人的精神风貌，成都市龙潭街道的多个老年合唱团欢聚在某高校的礼堂，用歌声讴歌伟大祖国，抒发爱党情怀，焕发时代激情。

合唱团的老年人们伴随着优美的旋律，演唱了《唱给党的歌》《走向复兴》《爱我中华》等歌曲。一首首振奋人心的经典歌曲，或铿锵有力、气势磅礴，或悠远绵长、情真意切，在老年人们声情并茂的演绎下，更加具有感人肺腑的力量。

优雅的姿态、嘹亮的歌声不仅是这些老年人良好精神风貌的真实体现，也是对我国迈入新征程、人民幸福感不断增强的完美诠释。“合唱能够陶冶我们的情操，让我们保持积极的心态，所以大家都非常喜欢。”参加合唱的张爷爷开心地说道。其他许多老年人也表示：“通过重温经典歌曲背后的故事，我们越发意识到要感党恩、听党话、跟党走，也更加珍惜这来之不易的幸福新生活。”

资料来源：辛文．感党恩•唱红歌•颂祖国——龙潭街道中老年人红歌比赛［EB/OL］.（2023-06-26）．中国网．

2．戏剧表演

戏剧是一种由演员扮演角色，当众表演情节、显示情境的艺术，包括戏曲、小品、话剧、音乐剧等。

戏曲是中国传统戏剧形式，以音乐和舞蹈为主要表现手段。戏曲在老年人中广受欢迎，老年人是中国戏曲文化的重要传承者。

小品是一种简短的戏剧，以喜剧小品为代表。其内容贴近生活，感染力强，因此深受广大群众的喜爱。

话剧是一种以说话（如对白、独白、旁白等）和动作为主要表现手段的戏剧，综合了文学、表演、美术、音乐等多种艺术成分，能够直观地展现社会生活中的各种矛盾和斗争。随着时代和社会的发展，话剧的题材、体裁、风格、手法等也在不断丰富。

音乐剧是指含有大量音乐元素并伴有舞蹈的戏剧。早期，音乐剧中的音乐以不同类型的流行音乐为基础；随着时代的发展和观念的变化，音乐剧中逐渐融入了更为广泛的音乐元素，如摇滚乐、民间音乐等。

3．曲艺表演

曲艺是中国各类传统说唱艺术的总称，一般以说和唱为主要艺术手段，辅以动作、表情、口技等来叙述故事，描绘人物、情景，表达思想感情。常见的曲艺有相声、快板（见图 5-2）、弹词、评话、大鼓、琴书等。

图 5-2　快板

相声是一种以表演者徒口讲说或对话的方式进行叙事、抒情、说理等的曲艺形式。相声以滑稽、讽刺见长，广受群众欢迎。根据表演人数的不同，相声可以分为单口相声、对口相声与群口相声，其中以两人表演的对口相声最为常见。

快板的表演形式为表演者有节奏地击打竹板和节子，并按节奏念诵唱词。快板可以分为快板书、小快板、快板群等多种类型，具有灵活、生动、感染力强的特点。

弹词是“弹唱词话”的简称，源于元明两代的词话。表演者用相应的方言和不同曲调进行说唱相间的表演，辅以三弦、琵琶、月琴等乐器演奏，极具地方特色。

4．舞蹈表演

跳舞对老年人来说具有强身健体、放松心情、扩展社交网络等作用，因此舞蹈表演是一种非常适合老年人的活动。舞蹈的分类十分复杂，根据产生时间的不同，可以分为古典舞蹈、现代舞等；根据功能的不同，可以分为祭祀舞蹈、交际舞等；根据形式的不同，可以分为灯舞、龙舞、狮舞等；根据体裁的不同，可以分为独舞、双人舞、群舞、舞蹈诗、舞剧等。舞蹈表演可以与歌曲演唱、戏剧表演等结合，形成综合性表演。需要注意的是，老年舞

蹈表演的内容应符合老年人的身体特点，不宜包含难度过高、过于消耗体能、容易造成身体伤害的动作。

中国古典舞蹈

中国古典舞蹈的概念大约出现在20世纪50年代初。舞蹈工作者为发展民族舞蹈艺术，从内涵丰富的中国传统戏曲中发掘和整理出大量舞步、身段和武打技巧，参考芭蕾舞的训练方法，编写了有关中国古典舞蹈的基础教材。在后续不断充实和完善的过程中，中国古典舞蹈又大量吸收了石窟壁画和各种出土文物中的舞蹈形象。

中国古典舞蹈的动作和姿态优美，具有目的性，能够形象地描绘出所表现人物的性格和情绪变化，体现手、眼、身、法、步完美统一的风格和美学特征。具有中国古典舞蹈风格的优秀舞蹈作品有《宝莲灯》《小刀会》《金山战鼓》《丝路花雨》等。

资料来源：《中国大百科全书》编委会. 中国大百科全书［M］. 2版. 北京：中国大百科全书出版社，2009.

5. 器乐演奏

器乐演奏是指根据各种乐器（如古筝、琵琶、二胡、笛、钢琴等）的性能和特征，结合演奏技巧，表现一定情绪或意境的活动。器乐演奏强调乐器的表现效果，完全不用人声或人声处于附属地位。

器乐演奏的形式主要包括独奏、合奏、重奏、齐奏等。其中，独奏是指一人演奏某一种乐器，充分展示出所奏乐器的特性；合奏是指不同演奏者按乐器的种类分组，使用多种乐器进行演奏，以增强乐曲的表现力；重奏是指分别用一种乐器演奏多声部乐曲的每个声部，从而达到整体匀称、均衡和统一的效果；齐奏是指由两名或以上演奏者按同度或八度音程关系同时演奏同一旋律，以展现出宏大的气势。

6. 朗诵

朗诵对老年人的积极作用

朗诵是通过将诗歌、散文等文字作品转化为有声语言，从而表达作品思想的语言艺术。朗诵注重从感情上感染听众，因此朗诵者需要掌握特殊的语言技巧，并合理运用动作、表情、灯光、音乐伴奏等非语言表达手段。

朗诵的形式丰富多样。根据目的的不同，朗诵可以分为即兴朗诵、演讲朗诵、表演朗诵、角色朗诵等；根据人员数量的不同，朗诵可以分为独体朗诵、群体朗诵等；根据体裁的不同，朗诵可以分为叙述型朗诵、抒发型朗诵、政论型朗诵等。

7. 走秀

走秀即模特在T型台上进行服装表演。普通走秀主要用于展示服装效果和设计创意，而老年走秀（见图5-3）更侧重于展现老年人的形象、气质与个性。

图 5-3　老年走秀

（二）物品展示类老年活动

物品展示类老年活动是指以老年人创作、制造或搜集的物品为展示物的活动。在物品展示类老年活动中，可以作为展示物的有书画作品、工艺品、摄影作品和其他物品。

1. 书画作品

书画创作在老年人的文化生活中占据重要地位，因此以书法作品和绘画作品为主要展示物的书画展览是较为常见的物品展示类老年活动。

书法是一种以汉字为表现对象的线条造型艺术，是中华优秀传统文化之一。书法作品以丰富多变的文字形象抽象地反映了创作者的情感和意趣，既具有作为语言文字的实用价值，又具有一定的艺术价值。

绘画是通过构图、造型、设色等表现手段在平面上描绘形象的艺术。根据工具材料、技法、文化背景的不同，绘画作品可以分为中国画、油画、版画、水彩画、水粉画等。其中，中国画使用中国独有的笔墨等创作而成，注重形象的内在神韵，用线条的粗细、着墨的虚实变化来表达意境，与书法作品有一定的相通之处。

课堂互动

没有书法或绘画基础的老年人能否参加书画展览？为什么？

2. 工艺品

工艺品是指通过手工或机器将原材料或半成品加工制作而成的艺术品。工艺品具有一定的艺术价值和观赏价值，有些工艺品还具有较强的收藏价值或实用价值。根据材质的不同，工艺品可以分为陶瓷工艺品（如陶罐）、木制工艺品（如木雕，见图 5-4）、金属工艺品（如银饰）、玻璃工艺品（如玻璃花瓶）、染织工艺品（如织锦、刺绣）、麦草工艺品（如麦秆画，见图 5-5）等。

图 5-4　木雕

图 5-5　麦秆画

3．摄影作品

随着老年人文化生活的日益丰富，以及摄影技术的普及、摄影器材自动化程度的提高，越来越多的老年人投入摄影活动中。在摄影活动中，拍摄者可以有意识地选择“拍什么”“怎么拍”，从而使摄影作品具有记录价值与美学价值，并反映拍摄者的个人经历、视角、感受等。

4．其他物品

一些老年人喜欢收藏邮票、画报、老照片、旧书籍等，这些物品往往具有较高的艺术价值、文化价值与历史价值。此外，老年人是历史的创造者与见证者，许多老年人使用的生活用品、文化用品、劳动工具等作为历史的产物，具有独特的时代特征。将这些物品公开展示，能够最大限度地发挥这些物品的价值，并起到教育、宣传作用。

同步案例

“火红年代”藏品见证历史变迁

“这是老演员的照片，这是毕业生分配通知书……”“这些连环画、故事书很有年代感……”在某街道的养老服务中心，“激情燃烧的岁月——百名老人火红年代藏品展”吸引了不少群众前来参观，一群年过古稀的老年人讲述着藏品背后的故事。

该养老服务中心的负责人说：“在日常工作中，我经常看到一些老年人带着自己的老照片、荣誉证书、书稿等，分享自己的人生故事。在与许多老年人商量后，我们就打算借着改革开放 40 周年和‘五一’国际劳动节的契机，举办这次展览活动。”

活动现场，88 岁的宋爷爷谈起文艺创作，热情不减。曾在县委宣传部工作的他，带来了自己的作品《自娱集》。他谦虚地表示，虽然该作品上不了台面，但他愿意展示出来，与大家交流。

除了文字作品外，声像类藏品也弥足珍贵。83 岁的王爷爷就带来了半个多世纪前在团场拍的一张合影。“那个年代很少有人拍照，所以这张合影就成了我的珍藏品，我每次翻看都会想到那些让人热血沸腾的时光。”王爷爷感叹道。1963 年，他大学毕业后，就和妻子一同到新疆生产建设兵团，从事种桑养蚕的技术指导工作，直到 1982 年才返回家乡。如今数十年过去了，他还时常念叨在边疆的岁月。

据统计，此次活动中的展品来自 500 多位老年人，共 1 500 多件，可以分为著作类、文稿类、证件类、声像类等。举办此次展览，不仅为老年人提供了交流情感、展示自我的舞台，还形象地展示了时代的变迁，具有教育意义。

资料来源：胡丰盛、郭文锐、王福田．浙江德清举办百名老人火红年代藏品展 诉说时代变迁[EB/OL]．(2018-05-02)．中国新闻网．

三、展示类老年活动的作用

展示类老年活动对老年人的作用具体体现在以下几个方面：

（1）丰富精神文化生活。一次成功的展示类老年活动往往需要老年人投入一定的时间与精力去准备，如学习知识、练习才艺、提高技能、参加排练等。这些准备活动可以为老年人的日常生活增添乐趣，丰富老年人的精神文化生活。此外，在展示类老年活动中，许多展示物及其构成要素都是中华优秀传统文化的重要载体，如传统歌舞、传统乐器、传统服饰、传统书画等。通过参加展示类老年活动，老年人可以学习更多的中华优秀传统文化，不断提高文化素养和精神境界。

（2）保持良好的心态。在展示类老年活动中，通过接收观众的正面反馈，老年人可以获得成就感，体会劳动、生活的价值和意义，增强自尊心与自信心，从而保持良好的心态。

（3）更新思想观念。在参加展示类老年活动的过程中，老年人可以接触到更加前沿、更加多样的科学理论、文艺思想等，从而完善自己的认知体系，实现思想观念的更新。

（4）促进社会交流。展示类老年活动为老年人提供了交流的平台，在活动中，老年人可以与工作者、观众、其他参加活动的老年人等进行交流，从而巩固、发展社交关系。

“老年大舞台”：让老年人老有所乐

“我 85 岁了，看到‘老年大舞台’的活动通知，就特意来参加。”在“老年大舞台”活动中，单奶奶这样说。为了丰富老年人的精神文化生活，歌颂中华人民共和国成立 70 周年的辉煌成就，西安市多个部门联合举办了“老年大舞台——2019 致敬祖国”特别活动，通过举办歌唱、朗诵等比赛，让广大老年文艺爱好者乐在其中。

单奶奶作为年龄最大的参赛者，最终获得了特别参与奖。单奶奶介绍说，起初孩子们并不支持她来参加比赛，但在得知是要为庆祝中华人民共和国成立 70 周年而歌唱的时候，便都极力支持。单奶奶表示，老年人不但要有娱乐活动，更要活得有目标、有意

义，希望政府部门能多办一些这种能够增进老年人福祉的活动。

“如果要用一个词语来概括我对这次活动的印象，我想应该是‘朝气’。虽然一些人会用‘夕阳’‘暮气沉沉’来形容老年人，但通过这次活动，我从不少爷爷奶奶的脸上看到了自信、快乐、积极。他们挺拔的身姿和每一次练习、彩排时的专注与认真，都让人们无法忽略他们身上迸发的朝气。年轻人要理解和关心老年人，多与他们沟通，以便更好地为他们服务。”本次活动的大学生志愿者冯某表示。

“每个人都要经历从青春到年迈的过程。让老年人生活得更好，就是我们要为促进社会和谐做出的努力。”本次活动的评委刘某说道。组织活动的工作者王某介绍：“西安市有160多万名老年人，大部分身心健康、富有活力。他们中的很多人是文艺爱好者，热爱音乐、舞蹈、诗歌、书画、摄影……这些爱好是他们年少时的梦想，也是年老时的寄托。让‘老年大舞台’为他们增添快乐，就是我们的初心。”

资料来源：秦毅．“老年大舞台”：让老年人老有所乐 [N]．中国文化报，2020-01-20.

任务实施

提出合理建议，助力“老年春晚”

【任务描述】

春节即将到来，A社区计划举办一场“老年春晚”活动，为辖区内老年人提供一个展示才艺的平台。请根据本任务所讲知识，为本次活动的内容提出合理建议。

【实施流程】

（1）学生自由分组，每组4—6人，并选出一名小组长。

（2）小组长组织小组成员讨论以下问题：① A社区的“老年春晚”活动应当包括哪些项目？为什么？② 应当如何安排各项目的先后顺序和所花时间？③ 举办“老年春晚”活动对老年人来说具有哪些作用？

（3）小组长对小组成员的观点进行汇总、整理，并以PPT的形式进行汇报。

（4）教师观看各小组长的汇报过程，并进行点评。

任务二　掌握展示类老年活动策划与实施的要点

任务导入

A社区的老年人中，有许多是退休的教职工。在教师节到来之际，该社区的老年服务中心决定举办一场“时光走廊”照片展。

在活动开始前，A社区老年服务中心的工作者召开了策划会议，确定了活动的主题

与目标。活动主要围绕辖区内退休教职工的职业生涯与教育事业的发展展示相关照片，以帮助老年人寻找往昔的记忆，促进居民之间的了解与沟通。随后，工作者制订了详细的策划方案，并在社区内通过多种方式进行宣传，以吸引更多居民参加。

在展览期间，工作者安排了有意愿、有能力的退休教职工与教育专家为观众讲述照片背后的故事，以及当地、国家教育事业的发展史。精彩的照片与生动的讲解吸引了不少居民前来参观。工作者在展览场地的出口处设置了意见簿，还通过问卷调查的方式，了解居民对活动的满意度、对教育事业的了解程度等。

经过精心策划和组织实施，活动圆满结束。老年人通过展览回忆了过去的时光，年轻人也深入了解了老年人丰富的职业经历和我国教育事业的发展成就。大家都认为，社区可以经常举办类似的活动，以丰富社区居民的精神文化生活，营造社会敬老环境。

思考：

策划与实施展示类老年活动的要点有哪些？

一、展示类老年活动策划的要点

（一）做好充分调研

大多数展示类老年活动对老年人的才艺、技能、身体状况等有一定的要求。因此，在策划展示类老年活动时，要针对活动内容做好充分调研，了解老年人的兴趣爱好、特长、身体状况等，以提高老年人的参与度。

如何做好展示类老年活动策划的调研工作

（二）合理预留时间

在许多展示类老年活动中，老年人需要提前接受培训（见图 5-6），进行练习、彩排等。因此，在策划展示类老年活动时，要综合考虑老年人的学习能力、对技能的掌握程度等，预留充足的时间，使老年人能够做好展示准备。

图 5-6　接受培训

（三）与专业人员对接

许多展示类老年活动具有一定的专业性，需要有专业人员的参与，以确保活动顺利进行，取得更好的活动效果。因此，在策划展示类老年活动时，要与专业人员进行充分沟通，获取专业人员的支持。

课堂互动

各类展示类老年活动的哪些环节需要有专业人员的参与？这些专业人员可以起到哪些作用？

同步案例

瀚墨飘香庆团圆，丹青溢彩迎盛世——A社区老年书画展览活动策划方案

1．活动名称

瀚墨飘香庆团圆，丹青溢彩迎盛世——A社区老年书画展览活动。

2．活动目标

（1）丰富老年人的精神文化生活，帮助老年人实现自我价值。

（2）加强老年人之间、老年人与其他社区居民之间的沟通与交流，促进老年人社会支持网络的构建。

（3）提高老年人与其他社区居民的文化素养与艺术素养。

（4）促进老年人弘扬传统文化，厚植家国情怀。

3．参加对象

A社区老年书画班的所有老年人，以及社区内其他具有一定书画功底的老年人。

4．活动时间

2023年9月25日至10月6日。

5．活动地点

A社区老年服务中心。

6．报名事项

报名时间：2023年9月19日至24日，每天9:00—17:00。

报名方式：至A社区老年服务中心一楼接待处报名。

联系人：陈先生。

联系方式：××××-×××××××××。

7. 组织单位

主办单位：××市××区××街道办事处。

承办单位：A 社区居委会。

协办单位：××市老年协会、××市书画协会。

8. 人员安排

人员安排如表 5-1 所示。

表 5-1 人员安排

工作	具体内容	负责人
调研	通过发放问卷，调研社区居民参加活动的意愿，统计参加活动的老年人数量与观众数量	孙××
人员筹备	（1）从××市书画协会邀请 1 名书法家、1 名画家，负责培训、指导、点评等。 （2）招募并培训 5 名志愿者，负责人员接待、秩序维护等工作。	林××
物资筹备	（1）购买笔、墨汁、颜料、纸张等用品。 （2）购买矿泉水。 （3）购买奖品、纪念品。 （4）准备、调试设备。	毛××
场地筹备	（1）打扫场地。 （2）布置场地。	刘××
宣传	（1）在日常社区活动中向老年人宣传。 （2）张贴海报，发放宣传手册。 （3）在网络平台宣传。 （4）发动社区老年书画班成员向亲友宣传。 （5）活动现场拍摄。 （6）发布自媒体稿件。	李××

9. 活动流程

活动流程如表 5-2 所示。

表 5-2 活动流程

时间		活动地点	活动内容	备注
9 月 25 日至 27 日	每天 15:00—17:00	A 社区老年服务中心 208 室（老年书画班教室）	书画培训	由××市书画协会的书画家为参加活动的老年人讲解书画创作的基本方法和技巧
9 月 28 日	9:00—11:00 15:00—17:00		书画创作	参加活动的老年人以“月是故乡明”“大家与小家”“盛世中华”“壮美山河”等为主题进行书画创作，书画家在现场进行指导

续表

时间		活动地点	活动内容	备注
9月29日至10月5日	每天 8:00—21:00	A社区老年服务中心一楼大厅	作品展示	在展示区展示老年人创作的书画作品，同时设置投票处，观众可以为自己喜欢的作品投票
10月6日	9:00—10:00		作品点评	由书画家组成的评委团对各幅作品进行点评、打分
	10:00—10:30		作品评比与交流互动	工作者根据评委团打分结果与观众投票结果评出获奖作品，与此同时，参加活动的老年人、书画家、观众之间互相交流心得体会
	10:30—11:00		颁奖与合影	为获奖老年人颁奖，发放奖品；为其他参加活动的老年人发放纪念品；合影留念

10．经费预算

经费预算如表5-3所示。

表5-3　经费预算

项目		金额/元	预算依据
外聘人员费用		2 000	志愿者补贴费用为每人50元/天，9月29日至10月6日共8天，共计2 000元。
餐饮费		950	（1）书画家午餐费用为每人20元/天，9月28日和10月6日共2天，共计80元。 （2）志愿者午餐费用为每人20元/天，9月29日至10月6日共8天，共计800元。 （3）矿泉水2箱，35元/箱，共计70元。
公杂费	工具与材料费用	720	（1）毛笔10套，15元/套，共计150元。 （2）画笔10套，20元/套，共计200元。 （3）墨汁10瓶，15元/瓶，共计150元。 （4）颜料10盒，20元/盒，共计200元。 （5）宣纸100张，共计20元。
	奖品、纪念品费用	740	（1）一等奖奖品1件，共计100元。 （2）二等奖奖品2件，70元/件，共计140元。 （3）三等奖奖品5件，40元/件，共计200元。 （4）纪念品30件，10元/件，共计300元。
宣传费		300	（1）海报、宣传手册等的制作费用共计200元。 （2）横幅2条，50元/条，共计100元。
预备费		290	
总计		5 000	

11. 应急预案

应急预案如表 5-4 所示。

表 5-4　应急预案

突发状况	预防与应对措施
老年人跌倒、晕倒等	（1）确保活动场地地面平整，无水渍和障碍物。 （2）安排医护人员在活动现场进行监护。 （3）如果发生老年人跌倒、晕倒等情况，则由医护人员进行急救，必要时可送其就医。
墨汁、颜料、宣纸等材料用尽	使用预备费就近购买
老年人无法跟上培训进度或无法完成作品	（1）安抚老年人情绪，适当鼓励。 （2）由书画家单独为其提供有针对性的指导或建议，降低作品难度。
展品遭到破坏	（1）在展示区设置“爱护展品”“禁止触摸”等标示牌。 （2）加强巡查与监督，发现观众做出可能破坏展品的行为时立即制止、劝导。

12. 其他事项

（1）老年书画班的老年人使用书画班内的资源进行创作，不占用工具与材料费用。

（2）在活动开始前，要仔细检查场地设施，保证安全性与便利性。

（3）在书画创作环节，要尽量尊重老年人的意愿，给老年人一定的选择权。

（4）要做好活动结束后的善后工作。

二、展示类老年活动实施的要点

（一）活动难度适中

在实施展示类老年活动时，要综合考虑老年人的个人能力，控制培训、练习、创作等环节的活动难度。若活动难度过低，则老年人难以产生参与感与成就感，也难以产出具有较高观赏价值的成果；若活动难度过高，则老年人可能因无法实现预定目标而产生挫败感，进而影响活动效果。

（二）活动场地适宜

展示类老年活动对活动场地的要求较高。例如，歌曲演唱活动的场地需要有较好的声环境，舞蹈表演活动的场地需要有面积足够的舞台，书画展览活动的场地需要有良好的照明条件与合理的空间布局，等等。因此，在实施展示类老年活动时，要根据活动的类型、规模等选择合适的场地，并对场地进行精心布置，保证场地满足活动要求。

课堂互动

图 5-7 是某社区的 4 处活动场地，这些场地分别适合举办哪些类型的展示类老年活动？

图 5-7　某社区的 4 处活动场地

（三）注重人员联动

与其他类型的老年活动相比，展示类老年活动涉及的人员更加多样，除了工作者、参加活动的老年人以外，还会涉及观众、评委、指导人员等。在实施展示类老年活动时，要发挥人员多样性的优势，注重不同人员之间的联动，在提高老年人积极性、增强活动趣味性的同时，使活动成为交流、学习、传播的平台。例如，举办歌曲演唱、舞蹈表演活动时，可以邀请观众参与其中，共同体验表演的乐趣；举办工艺品展览活动时，可以邀请相关领域的专家对展示的工艺品进行评价或讲解，以强化活动的教育意义。

三、展示类老年活动评估的要点

展示类老年活动过程评估的要点主要包括活动内容、活动场地和现场管理三个方面，如表 5-5 所示。

表 5-5　展示类老年活动过程评估的要点

评估项目	具体内容
活动内容	（1）活动难度是否合理，活动是否具有参与性、趣味性与安全性。 （2）展示物是否具有观赏价值，能否吸引观众的兴趣。 （3）活动是否具有社会价值。
活动场地	（1）活动场地的面积、环境、设备条件等是否满足活动需求。 （2）活动场地中有无安全隐患。 （3）活动场地是否满足适老化需求，如无障碍设施是否齐全、完好，座椅等对老年人来说是否舒适，等等。
现场管理	（1）人员、物资安排是否到位。 （2）活动是否按照策划方案开展，是否出现了策划方案中未考虑到的事件。 （3）工作者是否合理地完成了任务。 （4）活动中是否出现突发状况，如果出现，应对情况及其影响如何。

展示类老年活动效果评估的要点如下：① 活动对组织单位的影响如何，是否提高了其媒体曝光度；② 参加者的参与度如何，参加活动的老年人、观众的人数是否符合预期，报名人数与实到人数是否相符；③ 参加者的满意度如何，对活动做出了哪些评价，是否提出了切实可行的建议。

任务实施

为 H 养老院撰写老年才艺表演活动策划方案

【任务描述】

重阳节即将到来，H 养老院计划举办一场“流金岁月，最美夕阳”老年才艺表演活动，活动内容包括歌曲演唱、戏曲表演、诗词朗诵、器乐演奏、书画作品展览等。请拟定活动的具体内容，确定活动目标、人员安排、流程安排、经费预算等，并设想活动实施过程，针对活动中可能出现的突发状况制订应急预案，然后撰写活动策划方案。

【实施流程】

（1）学生自由分组，每组 4—6 人，并选出一名小组长。

（2）各小组成员搜集活动相关资料并进行分析，以小组为单位完成任务。

（3）小组长以 PPT 的形式展示并讲解活动策划方案。

（4）教师观看各小组长的展示与讲解过程，引导学生讨论，并进行点评。

学习成果自测

1. 填空题

（1）______是指将多名演唱者分为两个或两个以上声部，由其按一定时距先后演唱同一首歌曲的形式；______是指由两组及以上演唱者分别按本组所担任的声部演唱同一首歌曲的形式。

（2）______是中国各类传统说唱艺术的总称。

2. 单项选择题

（1）以下选项中，（　　）不属于行为展示类老年活动。

A. 歌曲演唱　　B. 摄影作品展览

C. 器乐演奏　　D. 朗诵

（2）（　　）是一种简短的戏剧，其内容贴近生活，感染力强。

A. 小品　　B. 戏曲

C. 歌剧　　D. 音乐剧

（3）以下选项中，（　　）属于展示类老年活动效果评估的内容。

A. 展示物是否具有观赏价值　　B. 活动场地中有无安全隐患

C. 活动场地是否满足适老化需求　　D. 活动对组织单位的影响如何

3. 简答题

（1）展示类老年活动中的展示物应当满足哪些条件？

（2）展示类老年活动可以如何丰富老年人的精神文化生活？

学习成果评价

请进行学习成果评价，并将评价结果填入表 5-6 中。

表 5-6　学习成果评价表

<table>
<tr><td>班级</td><td colspan="2"></td><td>姓名</td><td></td><td>学号</td><td></td></tr>
<tr><td>评价项目</td><td colspan="4">评价内容</td><td>评价方式</td><td>满分</td><td>评分</td></tr>
<tr><td rowspan="6">知识
（40%）</td><td colspan="4">展示类老年活动的概念</td><td rowspan="6">理论测试</td><td>4</td><td></td></tr>
<tr><td colspan="4">常见的展示类老年活动</td><td>8</td><td></td></tr>
<tr><td colspan="4">展示类老年活动的作用</td><td>8</td><td></td></tr>
<tr><td colspan="4">展示类老年活动策划的要点</td><td>7</td><td></td></tr>
<tr><td colspan="4">展示类老年活动实施的要点</td><td>7</td><td></td></tr>
<tr><td colspan="4">展示类老年活动评估的要点</td><td>6</td><td></td></tr>
<tr><td rowspan="2">技能
（40%）</td><td colspan="4">能够策划展示类老年活动</td><td rowspan="2">实践操作</td><td>20</td><td></td></tr>
<tr><td colspan="4">能够参与展示类老年活动的实施与评估</td><td>20</td><td></td></tr>
<tr><td rowspan="4">素养
（20%）</td><td colspan="4">学习态度良好，积极、主动地学习、思考</td><td rowspan="4">综合评价</td><td>5</td><td></td></tr>
<tr><td colspan="4">具有团队精神，积极与他人合作</td><td>5</td><td></td></tr>
<tr><td colspan="4">具有尊老敬老、孝老爱亲的品质</td><td>5</td><td></td></tr>
<tr><td colspan="4">具有服务意识，自觉做好服务工作</td><td>5</td><td></td></tr>
<tr><td colspan="6">合计</td><td>100</td><td></td></tr>
<tr><td>自我评价</td><td colspan="7"></td></tr>
<tr><td>教师评价</td><td colspan="7"></td></tr>
</table>

项目六
操作类老年活动策划与实施

项目引言

操作类老年活动趣味性强，种类多样。老年人参加操作类老年活动，不仅能够培养兴趣爱好，为生活增添乐趣，也有益于促进个人身心健康。老年活动工作者应当对常见的操作类老年活动有所了解，并掌握操作类老年活动策划、实施与评估的要点，从而合理组织、安排操作类老年活动。

知识目标

- 理解操作类老年活动的概念。
- 熟悉常见的操作类老年活动。
- 了解操作类老年活动的作用。
- 掌握操作类老年活动策划的要点。
- 掌握操作类老年活动实施的要点。
- 掌握操作类老年活动评估的要点。

素质目标

- 了解操作类老年活动中潜在的安全风险，增强安全防范意识。
- 学习操作类老年活动策划、实施与评估的要点，培育关怀意识，在日常生活中主动关心老年人的身心状况与需求。

任务一　认识操作类老年活动

任务导入

在秋去冬来之际，A社区组织社区里的老年人，开展了一场“留住秋天，快乐手工”树叶贴画（见图6-1）制作活动。

图6-1　树叶贴画

活动所需的树叶由老年人自己收集。于是，在活动开始前一周，辖区内老年人纷纷留意身边之美，在户外散步、娱乐的时候收集了不少自己喜欢的落叶。

活动开始后，工作者首先详细讲解了树叶贴画的制作技巧，包括如何挑选树叶、如何裁剪形状、如何粘贴等。随后，在工作者的指导下，老年人们发挥创意，开始用自己带来的树叶制作形形色色的树叶贴画，有风景画、人物画、动物画，还有天马行空的抽象画。在制作过程中，大家互相交流、互相帮助，现场气氛非常活跃。

经过一个小时的努力，老年人们的作品陆续完成，每一幅作品都独具魅力。看着自己的劳动成果，大家的脸上洋溢着满足和幸福的笑容。

思考：

（1）什么是操作类老年活动？

（2）常见的操作类老年活动有哪些？树叶贴画制作活动属于哪一类？

（3）操作类老年活动对老年人具有哪些作用？

一、什么是操作类老年活动

展示类老年活动与操作类老年活动的区别

操作类老年活动是指老年人以产出一定的成果为导向，按照一定要求和步骤操作工具、处理材料的活动。

操作类老年活动强调操作的过程，包括动手过程、动脑过程，以及交流、学习过程等，操作的成果只起着引导作用，这是操作类老年活动与展示类老年活动的主要区别。

二、常见的操作类老年活动

常见的操作类老年活动有手工活动、烹饪活动、园艺活动等。

（一）手工活动

手工活动是指依靠手工技巧和简单的工具对材料进行加工，使其成为具有一定实用价值或观赏价值的物品的活动。手工活动种类繁多，根据材料的不同，可以分为布艺活动、纸艺活动、泥塑与陶艺活动、编织活动、木工活动等。

1. **布艺活动**

布艺活动是指将布料通过缝纫、刺绣、印染、拼贴等方式制成布艺制品的活动。适合老年人制作的布艺制品有衣服、十字绣、布贴画、布玩具（见图 6-2）等。

图 6-2　布玩具

2. **纸艺活动**

纸艺活动是指将纸张通过剪、折、撕、刻、拼、叠等方式制成平面或立体物品的活动。适合老年人的纸艺活动有剪纸、折纸、纸画拼贴等。

3. **泥塑与陶艺活动**

泥塑活动是指以黏土为材料进行造型的活动。陶艺活动是指通过成型、上釉、烧制等步骤，将陶土制成用品或装饰品的活动。泥塑与陶艺活动老少皆宜，适合老年人与其他年龄段的人群共同参加。

4．编织活动

编织活动是指将细长的纤维类条状物通过相互交错或连接的方式，制成家具、生活用品、饰品等物品的活动。编织是人类最古老的手工艺之一，经过长期的历史发展，各地人民因地制宜，依托不同材料，创造了藤编、柳编、竹编、草编、棕编、麻编等形式，以及绞编、包缠、钉串、盘结等技法。适合老年人的编织活动有编竹篮、编草帽、编灯罩、编中国结（见图 6-3）等。

图 6-3　中国结

5．木工活动

木工活动是指将木材通过切割、雕刻、黏合、镶嵌等方式制成木制工艺品的活动。适合老年人制作的木制工艺品有木雕、木盒、木版画等。

课堂互动

你还知道哪些手工活动？这些活动是否适合老年人参加？

（二）烹饪活动

烹饪活动是一种能够同时调动视觉、触觉、嗅觉、味觉的综合活动，且贴近日常生活，因此适合老年人参加。老年烹饪活动的形式较为多样，可以是简单的包饺子、包粽子、做面点（见图 6-4）等小型活动，也可以是老年烹饪大赛等大型活动（一般包括烹饪知识与技巧学习、厨艺展示、食物品尝、厨艺交流等环节）。

图 6-4　做面点

（三）园艺活动

园艺活动是指以植物、水、土壤等为媒介开展的相关活动。园艺活动材料易得，内容丰富，难度不高，十分适合在老年人群体中开展。

常见的老年园艺活动有栽培活动、采摘活动、植物手工活动等。栽培活动是指老年人亲手栽植、培育植物的活动，包含松土、播种、移植、浇水、施肥、除草、修剪等一系列操作。采摘活动是指老年人到果园、菜园、茶园等种植区域，采摘水果、蔬菜、茶叶等植物产品的活动。植物手工活动是指以植物为材料进行的手工活动，如插花、植物标本制作、盆景制作（见图 6-5）等。

图 6-5　盆景制作

园艺活动助力老有所乐

为了普及园艺知识，促进老年人身心健康，营造尊老敬老的良好社会氛围，深圳市坪山区石井街道举办了“七彩夏日”多肉植物种植活动，获得了辖区内老年人的交口称

赞。这是该街道连续第二年举办园艺活动。“去年的活动我也参加了，随后就一直盼望着今年的活动。在活动中，我不仅能亲手栽培植物，还可以和大家聊天，非常开心。”一位参加活动的老年人表示。

活动现场，经验丰富的园艺师放慢语速，耐心地讲解多肉植物的种植要领。各位老年人一边聚精会神地听，一边跟着操作。大多数老年人都有着多年的农作物种植经验，这让他们很快就掌握了种植要领。老年人们互相帮助，逐步制作出了一个个造型优美的多肉植物盆栽。看着自己的劳动成果，大家都很有成就感。

石井街道的有关负责人表示，随着身体和社交状况的变化，老年人越来越期望得到社会的关爱和支持。今后，该街道将更加重视老年人兴趣爱好的培养，持续组织、开展活动，力争使老年人的日常生活更加丰富多彩。

资料来源：曹园芳．老有所乐，石井街道老年人多肉种植活动获点赞［N/OL］．（2023-05-30）．深圳新闻网．

三、操作类老年活动的作用

操作类老年活动对老年人的作用主要体现在以下几个方面：

（一）增强身体机能

操作类老年活动可以刺激老年人的各个感官，使老年人的视觉、听觉、触觉、嗅觉、味觉等得到全方位锻炼。例如，在手工活动中，老年人需要依靠视觉与触觉判断不同材料的色彩、大小、厚度、硬度、光滑度等；在烹饪活动中，老年人需要依靠嗅觉与味觉判断食物的烹饪效果；在园艺活动中，花园、树林等场所的风声、水流声、鸟鸣声等都能为老年人带来令人愉悦的听觉刺激。

此外，操作类老年活动需要手脑配合完成，既可以使老年人的手部肌肉和手关节得到充分活动，从而预防手部肌肉萎缩，提高手关节的灵活性，又可以提高老年人的手脑协调能力，预防记忆力衰退、认知功能衰退等大脑衰退症状。

（二）改善精神状况

在操作类老年活动中，操作的过程可以使老年人转移注意力，保持平和的心态；操作的成果可以使老年人获得成就感，增强自信心。此外，活动过程中接触的工艺品、美食、花草树木等美好的事物都可以使老年人感到精神愉悦，从而放松心情、稳定情绪。

（三）提高个人能力

操作类老年活动对老年人的想象力、创造力、审美能力、动手能力、团队合作能力等都有一定的要求，参加操作类老年活动可以使老年人的多种能力得到锻炼与提高。例如，参加泥塑与陶艺活动可以锻炼老年人的空间感知能力，参加植物手工活动可以提高老年人的想象力与创造力，等等。

同步案例

以花艺手工活动温暖独居老人

某社区举办了一场花艺手工活动，该活动属于“关爱独居老人社工项目”的一部分，也是该社区举办的第5次花艺手工活动。

在活动开始前，王奶奶迫不及待地问工作者：“这次有没有游戏？上次玩的‘捉虫虫’游戏很好玩啊！”“当然有了，我们在每次活动开始之前都会为大家准备一个热身游戏。”工作者小鹿回答。随后，工作者先带老年人们做了猜灯谜游戏。老年人们全心投入，在最短的时间内抢答谜底，猜对了便像孩子似的，笑得扬扬得意；也有老年人喊出奇怪的答案，惹得众人哄堂大笑；有的老年人不时用手机拍下灯谜，说是要回去分享给朋友们。

热闹过后，工作者小马介绍，本次活动的内容为制作“百合花”。在志愿者发放材料时，老年人们跃跃欲试，都说自己已经学会了好几种花型的做法，想要互相展示。经过在前几次活动中的学习，老年人们对花瓣、叶子的颜色搭配和花型等都有了自己的想法。随后，小马向老年人们传授“百合花”的制作步骤，老年人们一丝不苟地学习，遇到不会的地方就主动询问，拧不好铁丝也连忙找工作者帮忙。在工作者的协助下，老年人们接连做好了各种颜色的“百合花”，每一朵都惟妙惟肖。75岁的徐奶奶感叹：“学过几次之后，现在终于做得像模像样了。”

“老年人们现在都盼望周五下午的小组活动，参加活动不仅可以让他们快快乐乐地动手动脑，也能促进老年人之间的沟通交流。今天就有两位奶奶带着他们的邻居来参加活动呢！”工作者说道。

资料来源：于泓．社工进社区开起花艺小组 服务老人居民点赞［EB/OL］．(2017-06-19)．大众网．

任务实施

操作类老年活动体验与分析

【任务描述】

在操作类老年活动中，老年人常常难以独立完成相关操作。为了更好地为老年人提供指导与帮助，同时更加深入地了解老年人的需求，优化活动内容与流程，有必要对操作类老年活动进行体验与分析。

【实施流程】

（1）学生自由分组，每组4—6人，并选出一名小组长。

（2）各小组从本任务所讲的操作类老年活动中选择一种，亲自动手实施，小组长以影像或文字等方式记录实施过程。

（3）小组成员结合自身体验，详细分析该活动对老年人有哪些益处，以及如何改进才能使活动更加有趣，更加符合老年人的生理、心理特征。

（4）小组长对活动实施过程与分析结果进行整理，并以 PPT 的形式进行汇报。

（5）教师观看各小组长的汇报过程，并进行点评。

任务二　掌握操作类老年活动策划与实施的要点

任务导入

A 社区决定举办一场“美好‘食’光，‘焙’感快乐”老年烘焙体验活动，活动内容为烤制面包。几名平日里喜欢制作糕点的工作者自告奋勇，提出负责活动的教学与指导工作。

活动开始后，工作者准备好食材与厨具，耐心地进行了演示与解说；老年人们都兴致勃勃地学习，在工作者的指导下动手操作。然而，很快便出现了问题：一些老年人由于手部力量不足，揉出的面团不符合烤制要求。虽然这些老年人在工作者与其他老年人的合力帮助下克服了困难，但操作时间还是比预期多出了不少。

经过一番努力，大家都成功烤出了面包。但是，面对香喷喷的面包，有的老年人表示太硬咬不动，有的老年人表示太干无法下咽，还有一位老年人在品尝的时候差点被噎到……最终，品尝与点评环节草草结束，大多数面包都被老年人打包带回了家或留在了活动室。

思考：

（1）此次活动中为什么会出现上述问题？

（2）策划与实施操作类老年活动的要点有哪些？

一、操作类老年活动策划的要点

（一）考虑老年人的特征

在策划操作类老年活动时，要综合考虑老年人的生理、心理特征，并据此确定活动内容。例如，老年人的视觉机能衰退，因此手工活动中不宜出现过于精细的操作；老年人的咀嚼能力不强，因此烹饪活动中不宜制作硬质糕点、硬质肉类等食物；老年人的肌肉力量与关节灵活度下降，因此园艺活动中不宜出现长时间弯腰、频繁下蹲等动作。

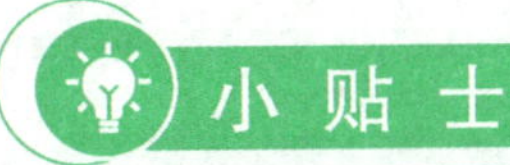

小贴士

园艺活动中如果涉及较长时间的栽培操作，可以使用高度适宜的种植床（见图 6-6）或种植架，使老年人能够坐着完成相关操作。

图 6-6　种植床

（二）合理确定教学步骤

在操作类老年活动中，工作者需要对老年人进行教学、引导。因此，在策划操作类老年活动时，工作者应提前练习相关操作，熟悉操作流程与技巧，并根据老年人的个人能力合理确定教学步骤。

课堂互动

全班学生两人或三人一组，其中一人扮演一位 80 岁的老年人，另外一人或两人扮演工作者。“工作者”教“老年人”折出一个简单的纸飞机，以此探寻老年手工活动教学中可能出现的问题及其解决方法。

（三）注重集体活动

集体活动的趣味性较强，且老年人在集体活动中可以互相学习（见图 6-7）、互相鼓励、互相帮助。因此，虽然多数操作类老年活动都可以由老年人单独完成，但工作者应尽可能以集体活动的形式组织此类活动。

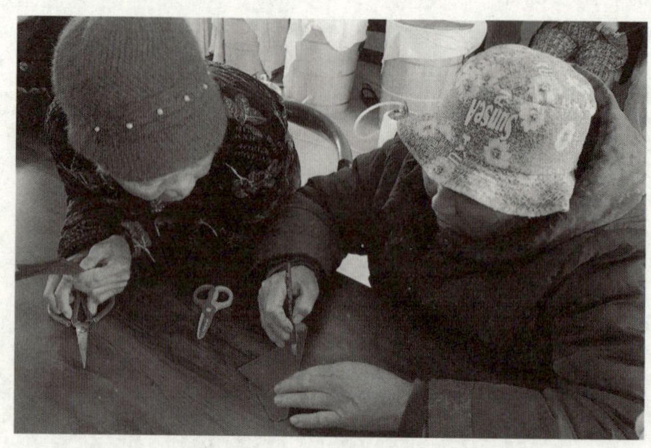

图 6-7 互相学习

在集体活动中，要根据老年人的数量和个人能力合理安排工作者数量，确保工作者有精力照顾到每一位老年人。此外，还应提前布置好活动场地，以方便工作者教学和老年人之间交流互动。

（四）做好安全防范

操作类老年活动中涉及的危险物品较多。例如，在手工活动与园艺活动中，老年人可能会用到剪刀、美工刀、锤子、铲子等工具和胶水、杀虫剂等用品；在烹饪活动中，老年人可能会用到菜刀、水果刀等厨具和燃气、开水等。老年人在活动中操作不当，可能会危害现场人员的安全。因此，工作者在策划操作类老年活动时，要逐一分析各环节所用物品的危险性，做好安全防范工作，如去除不必要的或可替代的危险物品，准备防护用具，确保设施设备安全，等等。

如何做好操作类老年活动的安全防范工作

同步案例

银龄妙手，贴出精彩——H 养老院布贴画制作活动策划方案

H 养老院每周都会组织院内老年人进行一次手工活动，本次活动的内容为制作布贴画，活动策划方案如表 6-1 所示。

表 6-1 H 养老院布贴画制作活动策划方案

项目	方案	备注
参加对象	H 养老院内的老年人，要求身体健康，眼部和手部功能良好，无认知障碍，情绪稳定	预计约有 20 位老年人参加活动，应配备 3 名工作者

续表

项目	方案	备注
活动时间	6月10日 10:00—11:00	如遇特殊情况，可以适当延长活动时间，但延长时间不宜超过30分钟
活动地点	H养老院101活动室	现场布置3张桌子，每张可以围坐6—8人
活动物品	白纸、卡纸、复写纸、铅笔、各色布料、剪刀、双面胶	经费预算约为15元/人
活动流程	（1）准备（10:00—10:05）：① 引导老年人前往101活动室并就座；② 清点活动物品。 （2）教学（10:05—10:15）：介绍布贴画的制作流程并进行示范。 （3）实操（10:15—10:55）：① 发放活动物品；② 引导老年人构思图样，并将其画在白纸上；③ 指导老年人把画好的图样用复写纸描绘在卡纸上；④ 指导老年人把画好的图样描绘在布料的反面，将布料沿图样轮廓剪下，并贴在卡纸的相应位置；⑤ 引导老年人展示作品并交流心得。 （4）总结（10:55—11:00）：点评作品，回顾活动要点。	（1）工作者提前准备好3份布贴画作品，用于教学。 （2）活动结束后，老年人可以将自己喜欢的作品带走，工作者可以将剩余作品张贴在活动室展板上。
应急预案	突发状况：老年人无法跟上教学进度或无法完成布贴画 预防与应对措施：提前准备一些已画好图样的卡纸与剪好的布料，供老年人粘贴	工作者在活动中要注意老年人的安全，活动结束后要及时回收活动物品，禁止老年人将剪刀带离活动室
	突发状况：老年人被剪刀或卡纸划伤 预防与应对措施：提前准备好创可贴，以便有需要时为老年人包扎，必要时可将受伤的老年人送至养老院医疗点	

以植会友，乐“栽”其中——A社区老年盆栽制作活动策划方案

1. 活动名称

以植会友，乐“栽”其中——A社区老年盆栽制作活动。

2. 活动目标

（1）丰富老年人的精神文化生活，改善老年人的精神面貌。

（2）帮助老年人拓宽交流渠道，实现老有所学、老有所乐。

3. 参加对象

A社区70周岁以下的老年人，要求眼部、手部功能良好，无认知障碍，情绪稳定，限额15人。老年人的家属可以陪同参加活动，与老年人共同完成盆栽作品。

4. 活动时间

2024年3月3日至4月7日，每周日 9:30—10:30。

5. 活动地点

A 社区老年服务中心 108 室。

6. 报名事项

报名时间：2024 年 2 月 25 日至 3 月 1 日，每天 9:00—17:00。

报名方式：至 A 社区老年服务中心一楼接待处报名。

联系人：陈先生。

联系方式：××××-×××××××××。

7. 组织单位

主办单位：××市××区××街道办事处。

承办单位：A 社区居委会。

协办单位：××市老年协会、××市花卉园艺协会。

8. 人员安排

人员安排如表 6-2 所示。

表 6-2　人员安排

工作	具体内容	负责人
调研	（1）了解辖区内老年人的身体状况。 （2）调查老年人参加活动的意愿，统计报名人数。	孙××
人员筹备	（1）从××市花卉园艺协会邀请 1 名园艺师，负责教学、指导、点评等工作。 （2）招募并培训 3 名志愿者，辅助教学工作。	林××
物资筹备	购买、分发所需物资	毛××
场地筹备	（1）打扫场地。 （2）布置场地。	刘××
宣传	（1）在日常社区活动中向老年人宣传。 （2）在网络平台宣传。 （3）张贴海报，发放宣传手册。 （4）活动现场拍摄。 （5）发布新闻稿。	李××

9. 活动流程

活动流程如表 6-3 所示。

表 6-3　活动流程

节次	活动名称	时间	活动内容	
1	制作 普通盆栽	9:30—9:40	活动准备	（1）介绍活动内容与流程。 （2）引导老年人互相认识；将老年人分组，每组选出一名组长，并取一个组名。

续表

节次	活动名称	时间	活动内容	
1	制作普通盆栽	9:40—9:50	基础教学	（1）介绍制作盆栽的基本知识与技巧。 （2）强调活动中应注意的安全事项。
		9:50—10:20	实操训练	（1）演示普通盆栽的制作步骤。 （2）分发花盆、铲子、水壶等工具和营养土、植物种子等材料。 （3）指导老年人播种、浇水。 （4）讲解普通盆栽的后续养护技巧。
		10:20—10:30	总结	（1）引导老年人交流心得体会。 （2）分发植物成长记录卡，叮嘱老年人将盆栽带回家，并记录植物的生长情况。 （3）介绍下次活动的内容。
2	制作碟景盆栽	9:30—9:45	活动准备	（1）回顾上次活动的内容，引导老年人分享普通盆栽的成长记录。 （2）介绍本次活动的内容，展示碟景盆栽。
		9:45—10:15	实操训练	（1）演示碟景盆栽的制作步骤。 （2）分发盆栽碟、铲子等工具和营养土、沙子、碎石、植物苗等材料。 （3）指导老年人将植物苗移栽至盆栽碟内，并进行装饰。
		10:15—10:30	总结	（1）引导老年人展示成果、交流心得体会。 （2）介绍碟景盆栽的养护注意事项，分发植物成长记录卡，叮嘱老年人将盆栽带回家，并记录植物的生长情况。 （3）介绍下次活动的内容。
3	制作瓶景盆栽	9:30—9:45	活动准备	（1）回顾上次活动的内容，引导老年人分享碟景盆栽的成长记录。 （2）介绍本次活动的内容，展示瓶景盆栽。
		9:45—10:15	实操训练	（1）演示瓶景盆栽的制作步骤。 （2）分发广口瓶、剪刀、镊子、棉棒等工具和营养土、沙子、碎石、防腐剂、植物苗等材料。 （3）指导老年人将植物苗移栽至广口瓶内，并进行装饰。
		10:15—10:30	总结	（1）引导老年人展示成果、交流心得体会。 （2）介绍瓶景盆栽的养护注意事项，分发植物成长记录卡，叮嘱老年人将盆栽带回家，并记录植物的生长情况。 （3）介绍下次活动的内容。
4	制作吊盆盆栽	9:30—9:45	活动准备	（1）回顾上次活动的内容，引导老年人分享瓶景盆栽的成长记录。 （2）介绍本次活动的内容，展示吊盆盆栽。

续表

节次	活动名称	时间	活动内容	
4	制作 吊盆盆栽	9:45—10:15	实操训练	（1）演示吊盆盆栽的制作步骤。 （2）分发吊盆、盆网、绳子、剪刀等工具和营养土、植物苗等材料。 （3）指导老年人安装吊盆，并将植物苗移栽至吊盆内。
		10:15—10:30	总结	（1）引导老年人展示成果、交流心得体会。 （2）介绍吊盆盆栽的养护注意事项，分发植物成长记录卡，叮嘱老年人将盆栽带回家，并记录植物的生长情况。 （3）介绍下次活动的内容。
5	制作 植物壁饰	9:30—9:45	活动准备	（1）回顾上次活动的内容，引导老年人分享吊盆盆栽的成长记录。 （2）介绍本次活动的内容，展示植物壁饰。
		9:45—10:15	实操训练	（1）演示植物壁饰的制作步骤。 （2）分发种植袋、绳子等工具和营养土、水苔、植物苗等材料。 （3）指导老年人将植物苗移栽进种植袋内，并进行装饰。
		10:15—10:30	总结	（1）引导老年人展示成果、交流心得体会。 （2）介绍植物壁饰的养护注意事项，分发植物成长记录卡，叮嘱老年人将盆栽带回家，并记录植物的生长情况。 （3）介绍下次活动的内容，叮嘱老年人为最后一次活动的分享做好准备。
6	制作 水培插花	9:30—9:40	活动准备	介绍本次活动的内容，展示水培插花
		9:40—10:00	实操训练	（1）演示水培插花的制作步骤。 （2）分发细颈瓶、剪刀、植物苗等。 （3）指导老年人将植物的茎剪下，插入盛水的瓶子中。 （4）讲解水培插花的养护注意事项。
		10:00—10:30	总结 与离别	（1）播放历次活动的照片、视频，点评各位老年人的优秀作品。 （2）鼓励老年人轮流展示历次活动的成果，分享活动感受。 （3）集中解答老年人的问题，征询老年人对活动的意见和建议。 （4）合影留念。 （5）鼓励老年人在活动结束后继续进行盆栽制作。

10．经费预算

经费预算如表 6-4 所示。

表 6-4　经费预算

项目	金额/元	预算依据
外聘人员费用	1 200	园艺师讲课费用为 200 元/学时，共 6 学时，共计 1 200 元
餐饮费	140	矿泉水 4 箱，35 元/箱，共计 140 元
公杂费	3 000	购买花盆、盆景碟、广口瓶、营养土、沙子、植物苗、铲子等工具与材料的费用，共计 3 000 元
宣传费	200	海报、宣传手册等的制作费用，共计 200 元
预备费	460	
总计	5 000	

11．应急预案

应急预案如表 6-5 所示。

表 6-5　应急预案

突发状况	预防与应对措施
有老年人中途退出活动	（1）与要求退出活动的老年人沟通，询问原因，尽可能劝说其继续参加活动。 （2）如果劝解失败，应尊重老年人的意愿，并向其他老年人说明情况，安抚其他老年人的情绪。 （3）如果该事故暴露出活动存在某些问题，应及时改正。
老年人无法跟上教学进度或无法完成盆栽作品	安抚老年人的情绪，在活动中或活动结束后单独为其提供帮助
老年人不愿分享交流	通过开放式提问，引导老年人发言，鼓励其多表达自己的想法
老年人的植物未能存活	帮助其分析原因，在下次活动中协助其重新栽植
老年人被园艺工具或植物枝条划伤	（1）提前准备好止血与包扎工具。 （2）及时为受伤的老年人处理伤口，必要时将其送至附近医院。

12．其他事项

在活动过程中，尤其是老年人使用园艺工具时，要时刻注意老年人的安全。

二、操作类老年活动实施的要点

（一）做好安全管理工作

在实施操作类老年活动时，工作者要全程做好以下安全管理工作：

（1）在活动开始前，要逐一分发工具与材料，并进行操作说明和演示，强调安全注意事项，确保老年人能够安全、正确地进行操作。

（2）在活动过程中，要留意老年人的操作方式，必要时应及时指导、劝阻、制止等。如果活动中会用到燃气灶、电磁炉、烤箱等设备，还应随时检查设备的运行情况。

（3）在活动结束后，要逐一回收、清点工具与剩余材料，关闭所用设备，引导老年人安全离开活动场地。

在操作类老年活动结束后，以下哪些工具与材料必须回收，哪些工具与材料可以由老年人带走？为什么？

① 胶水；② 布料；③ 美工刀；④ 面粉；⑤ 细铁丝；⑥ 剪刀；⑦ 纸板

（二）控制活动节奏

在实施操作类老年活动时，工作者应合理安排教学、操作、展示、休息、点评等环节的时间，使整场活动循序渐进，张弛有度。如果某一环节耗费的时间与预期不符，影响活动的整体节奏，工作者可以灵活调整活动内容与时间，如简化操作步骤、延长休息时间、加快点评速度等。

（三）加强鼓励与赞美

操作类老年活动具有很强的开放性，不以结果作为评判老年人成败的依据，工作者应引导老年人享受操作的过程。在活动过程中，工作者要注意观察老年人的反应，遇到老年人因无法跟上教学进度、无法按时完成操作等而畏难、逃避时，应及时给予鼓励和支持，确保老年人完整地参加活动。

在老年人操作过程中，以及操作完成后的作品展示、点评等环节，工作者应以真诚的态度对每一位老年人的劳动成果表达欣赏与赞美之意，不应直接批评或比较作品的优劣，也不应只表扬个别老年人而忽视其他老年人的感受。

三、操作类老年活动评估的要点

在操作类老年活动结束后，除了需要评估活动的过程与效果以外，还需要根据老年人在活动中的表现，对老年人的认知能力、表达能力、活动能力等进行重新评估，评估要点如表 6-6 所示。评估结果可以作为制订照护方案、策划与实施其他老年活动的依据。

表 6-6　对参加操作类老年活动的老年人进行评估的要点

评估项目	具体内容
认知能力	（1）能否准确识别各类操作工具和材料。 （2）能否意识到各类潜在危险并有意避开。 （3）能否理解各种口头指示与操作演示。 （4）能否集中注意力从事一项活动，注意力能集中多久，是否容易分心。

续表

评估项目	具体内容
表达能力	（1）遇到困难时能否主动求助。 （2）能否清晰、准确地表达自己的需求或疑问。
活动能力	（1）手眼协调能力、空间感知能力如何，能否灵活操作相关工具。 （2）能否久坐或久站。

任务实施

为 A 社区撰写老年手工系列活动策划方案

【任务描述】

为了践行“绿水青山就是金山银山”的理念，宣扬节约资源和保护环境的基本国策，A 社区决定开展以废旧物品改造为主要内容的老年手工系列活动。活动共分 4 次完成，每次各完成一项旧物改造，活动时间为某月的每周六 9:30—11:00。请拟定活动的具体内容，确定活动目标、人员安排、流程安排、经费预算等，并设想活动实施过程，针对活动中可能出现的突发状况制订应急预案，然后撰写活动策划方案。

【实施流程】

（1）学生自由分组，每组 4—6 人，并选出一名小组长。

（2）各小组成员搜集活动相关资料并进行分析，以小组为单位完成任务。

（3）小组长以 PPT 的形式展示并讲解活动策划方案。

（4）教师观看各小组长的展示与讲解过程，引导学生讨论，并进行点评。

学习成果自测

1．填空题

（1）操作类老年活动是指老年人以____________________为导向，按照一定要求和步骤操作工具、处理材料的活动。

（2）常见的操作类老年活动有__________活动、烹饪活动、__________活动等。

（3）工作者应尽可能以__________的形式组织操作类老年活动，以便老年人互相学习、互相鼓励、互相帮助。

2．单项选择题

（1）操作类老年活动强调（　　）。

A．操作前的准备　　B．操作的过程

C．操作成果的观赏性　　D．操作成果的实用性

（2）盆景制作属于（　　）。

A．木工活动　　B．采摘活动

C．植物手工活动　　D．烹饪活动

（3）下列活动中，不适合作为操作类老年活动的是（　　）。

A．包饺子　　B．剪窗花

C．捏泥人　　D．电脑绘画

3．简答题

（1）常见的老年园艺活动有哪些？

（2）在实施操作类老年活动时，工作者应当如何做好安全管理工作？

学习成果评价

请进行学习成果评价，并将评价结果填入表 6-7 中。

表 6-7　学习成果评价表

班级		姓名		学号	
评价项目	评价内容		评价方式	满分	评分
知识（40%）	操作类老年活动的概念		理论测试	4	
	常见的操作类老年活动			8	
	操作类老年活动的作用			8	
	操作类老年活动策划的要点			7	
	操作类老年活动实施的要点			7	
	操作类老年活动评估的要点			6	
技能（40%）	能够策划操作类老年活动		实践操作	20	
	能够参与操作类老年活动的实施与评估			20	
素养（20%）	学习态度良好，积极、主动地学习、思考		综合评价	5	
	具有团队精神，积极与他人合作			5	
	具有尊老敬老、孝老爱亲的品质			5	
	具有服务意识，自觉做好服务工作			5	
合计				100	
自我评价					
教师评价					

项目七
学习类老年活动策划与实施

项目引言

学习型社会和学习型大国的建设离不开老年人的参与。学习类老年活动作为全民学习、终身学习的重要组成部分与实现形式，在促进老年人社会发展、完善终身教育体系、推动学习型社会与学习型大国建设等方面发挥着重要作用。老年活动工作者应对常见的学习类老年活动有所了解，并掌握学习类老年活动策划、实施与评估的要点，从而合理组织、安排学习类老年活动。

知识目标

- 理解学习类老年活动的概念。
- 熟悉常见的学习类老年活动。
- 了解学习类老年活动的作用。
- 掌握学习类老年活动策划的要点。
- 掌握学习类老年活动实施的要点。
- 掌握学习类老年活动评估的要点。

素质目标

- 了解国家对老年教育的支持政策，为老年教育事业发展做出贡献。
- 认识到学习的重要性，树立终身学习的意识，主动参与建设全民终身学习的学习型社会、学习型大国。

任务一　认识学习类老年活动

任务导入

为了给辖区内老年人搭建一个学习交流的平台，帮助老年人实现老有所学、老有所乐，A社区开办了秋冬季老年学习班，设有太极拳、广场舞、黄梅戏、音乐欣赏、诗词鉴赏等方面的课程，周一至周五每天有一节或两节课，老年人可以自愿报名，选择合适的时间上课。

除了文化艺术类课程，该社区还组织了多场活动，向老年人传授实用知识和技能。例如，针对许多老年人反映的不会使用智能手机的问题，社区举办了相关讲座，通过讲解和实操演示，教老年人如何对手机进行基础设置，如何收发消息，如何拍摄、分享短视频，如何防范电信诈骗等；为了提高老年人的自我健康管理能力，社区邀请医学专家，对老年人进行了常见疾病防范、中医养生、应急救护等方面的知识技能培训。

“退休不退志，老年人虽然年纪大了，但不能停止对知识的探索。只有通过学习，我们才能不断获取新知识与新技能，补齐自身短板，跟上时代步伐。感谢社区提供的学习交流平台，能让我们实现‘老有所学’，如今，生活更加丰富多彩了。”谈及自己的学习感悟，一位老年人这样说道。

思考：

（1）什么是学习类老年活动？

（2）常见的学习类老年活动有哪些？

（3）学习类老年活动对老年人具有哪些作用？

一、什么是学习类老年活动

学习类老年活动是指以老年人为学习者，根据老年人的特征和需求确定学习目标和学习方式、安排学习内容的学习活动。由此可见，学习类老年活动具有以下两个方面的内涵：

（1）学习类老年活动中的学习者是老年人，因此学习类老年活动具有一定的特殊性。例如，学习类老年活动不以升学、就业为导向，学习场所、学习时间较为灵活，等等。

（2）学习类老年活动是老年教育的重要形式，其核心是学习。在活动中，老年人要通过阅读、听讲（见图7-1）、思考、实践等掌握一定的知识或技能，而非进行简单的操作或体验，这是学习类老年活动与操作类老年活动最大的区别。

操作类老年活动与学习类老年活动的区别

图 7-1　听讲

老年教育

老年教育是指针对老年人开展的有目的、有计划、有组织的教育活动。《中华人民共和国老年人权益保障法》第七十一条规定："老年人有继续受教育的权利。国家发展老年教育，把老年教育纳入终身教育体系，鼓励社会办好各类老年学校。各级人民政府对老年教育应当加强领导，统一规划，加大投入。"

1983 年，我国第一所老年大学——山东省红十字会老年人大学（现山东老年大学）成立，标志着我国老年教育起步。1988 年，中国老年大学协会成立，全国各地积极开办老年大学。

21 世纪以来，尤其是党的十八大以来，我国的老年教育加速发展。2016 年 10 月 5 日国务院办公厅发布的《老年教育发展规划（2016—2020 年）》，2019 年 3 月 29 日国务院办公厅发布的《关于推进养老服务发展的意见》，2021 年 11 月 18 日中共中央、国务院发布的《关于加强新时代老龄工作的意见》等文件，均从不同方面为老年教育的发展提供了建设性意见与政策支持。

2021 年 12 月 30 日，国务院发布《"十四五"国家老龄事业发展和养老服务体系规划》，提出加快发展城乡社区老年教育、鼓励养教结合创新实践等创新发展老年教育的措施。此外，该文件还提出了加强老年健康教育、组织开展老年人运用智能技术教育培训、广泛开展老年人识骗防骗宣传教育活动等相关措施。这一系列措施为我国"十四五"时期的老年教育发展提供了指引。

二、常见的学习类老年活动

根据学习方式的不同，学习类老年活动可以分为教学活动、自学活动与互学活动。

（一）教学活动

教学活动是指教师或其他教学人员通过讲授、演示等方式为老年人讲解知识、传授技能的活动，是应用得最为广泛的学习类老年活动。常见的教学活动有老年课堂、老年知识讲座、老年技能培训等。教学活动的效率较高，通过接受教学，老年人可以在短时间内掌握相应的知识和技能。

教学活动对教学人员有着较高的要求。教学人员应当充分了解教学内容，这样才能及时、准确地解答老年人的疑问，并确保教学内容准确、权威。工作者可以邀请相关领域的专家或教育工作者为老年人提供教学。

（二）自学活动

自学活动是指老年人在不依赖他人教授的情况下，通过查阅资料（如查阅文字资料、图像资料、视频资料等，见图 7-2）、亲身实践等方式，有目的地获取知识、掌握技能的活动。常见的自学活动有老年读书会、老年书画自习、老年社会实践等。自学活动对老年人的个人能力要求较高，且难以保证所学内容的准确性，因此适用范围较窄。

图 7-2　查阅资料

课堂互动

哪些知识和技能适合老年人自学？哪些知识和技能不适合老年人自学？

（三）互学活动

互学活动是指老年人之间相互交流思想，互通信息，以取长补短、共同进步的活动。常见的互学活动有交流会、研讨会等。

与教学活动和自学活动相比，互学活动的趣味性更强，且老年人可以在互学过程中互相帮助、互相鼓励，在提高学习积极性的同时促进交流与合作。因此，互学活动是一种非常适合集体进行的学习类老年活动。

在实际操作中，可以综合采用不同的学习方式，以取得更好的活动效果。例如，在教学活动中，可以穿插分享与讨论环节，以活跃氛围；在自学活动或互学活动中，指导人员可以针对疑难问题进行集中解答与讲解，以帮助老年人更好地理解知识、掌握技能。

三、学习类老年活动的作用

学习类老年活动对老年人来说，可以起到适应时代发展、丰富个人生活、保持身心健康、促进自我实现等作用。

（一）适应时代发展

在社会环境日新月异的当下，新知识、新技术、新工具层出不穷。老年人不持续学习，就难以跟上时代发展的步伐，不仅无法享受时代发展带来的便利，甚至还会在飞速变化的环境中遇到前所未有的困难。学习类老年活动为老年人提供了一个与时代接轨的机会，通过学习新知识、掌握新技能，老年人可以更快地适应时代发展，更好地融入新环境，从而享受便捷、丰富、有趣的现代生活。

（二）丰富个人生活

许多老年人在离退休后，缺少与社会联系的纽带，生活变得单调、封闭，而参加学习类老年活动是老年人接触新鲜事物、保持社会联系的有效途径。在参加学习类老年活动的过程中，老年人可以持续探索未知领域，充分培养兴趣爱好，不断建立与巩固人际关系，使晚年生活更加丰富、充实。

（三）保持身心健康

学习过程中的肢体活动、脑力劳动可以使老年人的身体机能、认知能力等得到锻炼，对老年人保持生理、心理健康都有很大的好处。此外，老年人参加以保健、康养、食品安全、心理健康等方面的知识为主要学习内容的学习类老年活动，可以培育健康意识，养成良好的生活习惯。

同步案例

科普讲座守护老年健康

2023 年 9 月 7 日，中国健康促进基金会、中国营养学会等机构在上海举办“吃动平衡 健康同行”科普活动，分享老年营养处方、合理膳食等方面的知识。

某医院临床营养系沈主任的讲座以“营养处方助力老年健康”为主题，以“中国居民平衡膳食宝塔”为基础，将膳食宝塔中的数据日常化，帮助老年人更快、更好地利用膳食宝塔掌握合理膳食的窍门。此外，沈主任还结合临床实例，针对老年人常见饮食问题提出了详细解决方案。讲解深入浅出、生动活泼、通俗易懂，获得了现场老年人的阵阵掌声。

营养学专家汪博士的讲座以“疾控私房菜吃出健康老年生活”为主题，通过一个个健康膳食小测试，让老年人在游戏中评估自己的健康饮食得分，帮助老年人直观感受自己的饮食健康状况。汪博士还介绍了适合老年人的健康菜谱，菜谱中包含合理的菜品搭配与烹饪方式，可以指导大家做出美味、营养的疾控私房菜。活动现场，老年人们抢着提问，很多老年人听完讲座后感到意犹未尽。

本次活动旨在呼吁社会各方重视并积极参与老年营养宣传工作，用老年人听得到、听得懂、听得进的方式普及老年营养健康知识，使现场老年人明白了合理膳食、吃动平衡的重要性，有利于促进健康老龄化。

资料来源：左妍.“吃动平衡 健康同行”科普讲座吹响守护老年健康先锋号 [N/OL]. (2023-09-08). 新民网.

（四）促进自我实现

与青年人相比，老年人拥有更多的自由时间，生活压力也较小，可以将更多的精力投入自我实现中。参加学习类老年活动可以帮助老年人掌握自我实现所需的知识与技能，从而更好地参与社会发展，实现人生价值。

任务实施

老年教育课程体验与分析

【任务描述】

经过数十年的发展，我国已建成以各级老年大学为主体的全方位、多层次、多形式的老年教育机构网络，形成了丰富的线上与线下老年教育课程资源。请以小组为单位，体验并分析老年教育课程，以便更加深入地理解学习类老年活动。

【实施流程】

（1）学生自由分组，每组 4—6 人，并选出一名小组长。

（2）各小组在国家老年大学或各地老年大学的官方网站中，选择一节在线课程并共同观看。有条件的学生也可以到当地老年大学旁听一节课。

（3）各小组对观看或旁听的课程进行记录与分析，将结果整理成教学笔记，其内容包括但不限于：① 教学对象；② 教学目标与教学内容；③ 教学重点与难点；④ 教学方法；⑤ 教学流程；⑥ 教学意义。

（4）小组长以PPT的形式汇报教学笔记，教师观看各小组长的汇报过程，并进行点评。

任务二　掌握学习类老年活动策划与实施的要点

任务导入

为了深入宣传普及《中华人民共和国民法典》《中华人民共和国老年人权益保障法》等法律的相关知识，增强辖区内老年人的法律意识，A社区邀请当地一家律师事务所的法律专家，为辖区内老年人开展了一场普法宣传讲座。

主讲的法律专家准备得十分充分，在讲座中围绕老年人的民事权利、婚姻家庭、社会保障等方面进行了细致而又专业的讲解。然而，活动效果却很不理想，有的老年人在座位上昏昏欲睡，还有的老年人在讲座还未结束时就起身离场。

活动结束后，社区的工作者询问参加活动的老年人有何感受。有的老年人表示“讲得很专业，但我文化水平低，听不懂”，有的老年人觉得“讲得太快了，脑子转不过来”，有的老年人则说“专家讲完就走了，好多没听懂的地方我都没机会问”……

思考：

（1）此次活动中为什么会出现上述问题？

（2）策划与实施学习类老年活动的要点有哪些？

一、学习类老年活动策划的要点

（一）了解学习需求

老年人的学习需求具有多样性和特殊性，工作者在策划学习类老年活动时，需要充分了解老年人的学习需求，以此确定活动内容与形式。了解老年人学习需求的方式有以下几种：

（1）搜集与记录。一些老年人在意识到自己有学习需求时，会主动表达出来。此时，工作者应做好老年人学习需求的搜集与记录工作。

（2）观察与分析。很多时候，老年人无法意识到或无法准确表达出自己的学习需求。因此，在日常工作中，工作者要仔细观察老年人是否遇到了可以通过学习解决的困难、是否表达了对某类学习活动的兴趣等，从而分析老年人的学习需求。

（3）侧面了解。工作者可以从老年人的亲友、护理人员等处了解相关信息，征询相关建议，侧面了解老年人的学习需求。

（二）兼顾娱乐性与实用性

学习类老年活动中的学习属于自愿、主动的学习，因此学习类老年活动应当具有较强的娱乐性，以吸引更多的老年人参加。但同时，学习类老年活动又不是纯粹的娱乐活动，应当具有一定的实用性。活动内容应当紧扣学习目标，使老年人能够在活动中掌握、巩固知识与技能，或得到身体机能、思想境界上的改善。

同步案例

用“五个课堂”讲好老年教育“大思政课”

2022 年 11 月 9 日，由山东老年大学、济南老年人大学联合排演的大型民族歌剧《江姐》在济南老年人大学“芳华剧场”上演，百余名参演者为现场观众献上感人至深的英雄赞歌，也给老年学员上了一堂生动的“歌剧党史课”。“芳华剧场”是济南老年人大学为全市老年人搭建的三大展示平台之一，也是“五个课堂”中“展示课堂”的组成部分。

“五个课堂”是济南老年人大学打造的线上线下相融合、课内课外相结合的立体化、常态化思政教育体系，包括“课前十分钟”“思政云微课”“思政大课堂”“展示课堂”与“实践课堂”。

与“展示课堂”的寓教于乐不同，“课前十分钟”以日积月累的思想沉淀为主。在济南老年人大学，每天上课前的 10 分钟是每位老年学员必修的思政教育“课前课”。课程根据时代发展和现实需要安排思政教学计划，除教师以外，还以班长、党小组长为领学人、主讲人，通过组织老年人观看微视频、学习政策理论、交流时政要闻、回忆党史、讲述故事等形式，让老年人感悟思政道理、接受思想引领。

打开手机，动动手指，“思政云微课”触手可得。为了进一步方便老年学员接受思政教育，济南老年人大学将思政课堂延伸至线上，在网络平台开设“思政云微课”，每周发布 1—2 期专栏，围绕党的创新理论、时事政治、文化文明、榜样示范、知识普及、老年教育等进行讲解。

相比于“课前十分钟”“思政云微课”的短小精悍，“思政大讲堂”的内容更加丰富，包括隐含思政元素的书画、诗歌、声乐、舞蹈等方面的公开课。此外，济南老年人大学还举办了“芳华讲堂”系列公益讲座，由专家围绕党的创新理论、积极老龄观、金融安全知识、普法用法等专题进行辅导，让“课外课”更具针对性和吸引力。

走出教室，社会化“实践课堂”别具魅力。济南老年人大学把教学点和志愿服务点分别嵌入社区党群服务站、新时代文明实践站，引导老年学员融入社会，为群众提供教学服务和志愿服务。老年学员通过一堂堂“社会课”的锤炼，进一步提高了道德修养，升华了思想境界。

“实践证明，‘五个课堂’在立德树人、培根铸魂方面发挥了重要作用，使得老年学员政治立场更加坚定、思想品行更加端正，对社会老年人的带动作用也比较明显。”济南老年人大学有关负责人介绍道。

资料来源：胡沥中．深耕银龄培根铸魂“责任田”[N]．大众日报，2022-11-17.

（三）普遍性与特殊性相结合

老年人这一群体具有一些普遍特征，策划学习类老年活动时要考虑到这些普遍特征，使活动满足多数老年人的现实需求。例如，老年人身体机能衰退，记忆力、行动能力较差，因此学习类老年活动的难度不应过大，活动中不应出现难以理解的概念与复杂的操作；老年人阅历丰富，自我意识较强，因此学习类老年活动应当具有自主性与开放性，不应设置强制性的考核标准与竞争性的选拔机制。

此外，每一位老年人因其生活经历、学习经历、工作经历、家庭环境等不同，在知识水平、认知能力、兴趣爱好等方面都具有一定差异。在策划学习类老年活动时，要重视每一位参加者的特殊性，为其选择个性化的学习内容。

（四）注重系统性与连续性

学习是一个持续的、长期的过程，需要持之以恒才能取得较好的效果。因此，学习类老年活动应当具有系统性与连续性，使老年人能够持续学习、持续进步。

系统性是指学习类老年活动与其他老年活动相结合、各种不同的学习类老年活动相结合，形成一个相互支持、相互补充的整体。例如，以书画、声乐、舞蹈等为学习内容的学习类老年活动可以与相应的展示类老年活动相结合，通过展示老年人的学习成果，让老年人直观地感受到自己的进步，并吸引更多的老年人参加；交流会、研讨会等互学活动可以与老年课堂、老年知识讲座等教学活动相结合，作为教学活动的补充，使老年人能够巩固并进一步探索在教学活动中学到的知识或技能。

连续性是指学习类老年活动不间断地持续进行或与老年人的日常生活相衔接。例如，有的教学活动会分成若干部分进行，持续较长时间，此时要合理分配每一部分的学习内容，使各部分环环相扣，成为一个连续的整体；有的活动仅起到启发、引入的作用，在活动中要为老年人制订长期的学习计划，使老年人在活动结束后也能够有目标、有计划地进行持续学习。

学无止境——K 老年公寓读书会活动策划方案

为了贯彻落实本市发布的《××市老有所学行动实施方案》，满足老年人的精神文化需求，营造全民终身学习的社会氛围，K 老年公寓计划定期组织读书会活动，活动策划方案如表 7-1 所示。

表 7-1　K 老年公寓读书会活动策划方案

项目	方案	备注
参加对象	K 老年公寓内的老年人，要求具有一定的阅读能力，对读书感兴趣	预计每次活动约有 10 位老年人参加，应配备 1—2 名工作者
活动时间	每周一 14:00—15:30	活动时间可以根据当日实际活动情况适当延长或缩短
活动地点	K 老年公寓阅览室	
活动流程	（1）分享（14:00—14:30）：各位老年人轮流分享一本自己最近阅读的书籍，从中选择优秀部分朗读。 （2）阅读（14:30—15:10）：老年人自由选择书籍阅读，并做笔记。 （3）讨论（15:10—15:30）：老年人交流阅读感想与收获。	（1）工作者应根据老年人的需求，提前准备老花镜、放大镜等工具。 （2）如果有老年人说话吃力、发声困难，工作者可以代为朗读。
应急预案	突发状况：老年人身体不适 预防与应对措施：及时将其送至老年公寓医疗点就医	如果有老年人想要借出阅览室内的书籍，应严格履行借阅手续
	突发状况：老年人损坏阅览室内的书籍或他人的书籍 预防与应对措施：做好监督与提醒工作，看到老年人做出相关举动时及时劝阻，必要时协助处理赔偿事宜	
其他事项	为每场读书会设置一个明确的主题，如“科学养生”“峥嵘岁月”“品味经典”“传承国学”等	读书会的主题应贴合老年人的兴趣、生活，可以在前一场活动中通过讨论或投票确定
	可以结合活动主题，穿插其他形式的活动，以增强活动的趣味性，如观看相关影视作品片段、合唱相关歌曲等	
	针对活动中涉及的书籍做好审核工作，确保书籍内容科学、健康、积极	
	在活动中及时了解老年人的阅读需求，定期补充阅览室内的书籍	
	在活动之外，应当做好相应的引导工作，保证老年人的日常阅读量	每位老年人每周的阅读时间应不低于 3 小时

初冬话养生——A 社区中医保健讲座活动策划方案

1．活动名称

初冬话养生——A 社区中医保健讲座活动。

2．活动目标

（1）普及健康养生知识，增强老年人的保健意识。

（2）加强老年人对中医的认同感，弘扬中医文化。

3．参加对象

A 社区的老年人及其家属。

4．活动时间

2023 年 11 月 12 日 10:00—11:30。

5．活动地点

A 社区老年服务中心多功能厅。

6．报名事项

无须报名，携带个人有效身份证件登记入场，每位老年人可以带一名家属。

7．组织单位

主办单位：××市××区××街道办事处。

承办单位：A 社区居委会。

协办单位：××市疾病预防控制中心、××大学中医学院。

8．人员安排

人员安排如表 7-2 所示。

表 7-2　人员安排

工作	具体内容	负责人
调研	（1）在社区中进行老年人中医知识普查，询问老年人最关心的中医保健问题，以此规划安排讲座的具体内容。 （2）调研辖区内老年人参加讲座的意愿，统计参加人数。	孙××
人员筹备	（1）从××市疾病预防控制中心、××大学中医学院各邀请 1 名主讲专家。 （2）招募并培训 3 名志愿者，负责人员接待、秩序维护等工作。	林××
物资筹备	（1）购买矿泉水、休闲食品。 （2）购买纪念品。 （3）准备、调试设备。	毛××
场地筹备	（1）打扫场地。 （2）布置场地。	刘××
宣传	（1）在日常社区活动中向老年人宣传。 （2）张贴海报，发放宣传手册。 （3）在网络平台宣传。 （4）活动现场拍摄。 （5）发布新闻稿。	李××

9．活动流程

活动流程如表 7-3 所示。

表 7-3　活动流程

时间	活动内容
10:00—10:10	主持人致辞，并播放一部中医文化宣传片
10:10—11:00	专家进行自我介绍，并讲解老年中医保健知识
11:00—11:25	观众自由提问，专家为其解答
11:25—11:30	主持人总结、致谢，引导观众有序离场

10．经费预算

经费预算如表 7-4 所示。

表 7-4　经费预算

项目		金额/元	预算依据
外聘人员费用		1 000	专家讲课费用为每人 500 元，共计 1 000 元
餐饮费		140	矿泉水 4 箱，35 元/箱，共计 140 元
公杂费	纪念品费用	1 500	中药茶包 100 盒（老年人入场时领取，赠完为止），15 元/盒，共计 1 500 元
	休闲食品费用	160	
宣传费		250	（1）海报、宣传手册等的制作费用共计 200 元。 （2）横幅 1 条，50 元/条，共计 50 元。
预备费		250	
总计		3 300	

11．应急预案

应急预案如表 7-5 所示。

表 7-5　应急预案

突发状况	预防与应对措施
老年人跌倒、晕倒等	（1）确保活动场地地面平整，无水渍和障碍物。 （2）安排医护人员在活动现场进行监护。 （3）如果发生老年人跌倒、晕倒等情况，则由医护人员进行急救，必要时可送其就医。
参加活动的人员数量过多，超出场地容量	启用老年服务中心内的其他活动室，放映讲座的直播视频
提问人数过多，专家无法一一解答	尽可能按时结束讲座，后续可以设置回访座谈会，或由工作者将专家未解答的问题记录下来，集中向专家请教后再为老年人答疑解惑

12．其他事项

（1）做好与专家的对接工作，确保讲座内容通俗易懂。

（2）在活动开始前，要仔细检查活动场地的设施设备，确保其完好、安全。

（3）做好接待工作，维护好活动秩序。

岁月之声——A 社区老年声乐课堂活动策划方案

1．活动名称

岁月之声——A 社区老年声乐课堂活动。

2．活动目标

丰富老年人的精神文化生活，提高老年人的文化素养与艺术素养。通过本次活动的学习，老年人应当了解基本的乐理知识，掌握正确的发声方法，能够演唱多种不同风格的歌曲，具有一定的音乐审美能力。

3．参加对象

A 社区对声乐感兴趣的老年人，限额 30 人。

4．活动时间

2023 年 7 月 3 日至 8 月 24 日，每周一、周四的 15:00—16:30。

5．活动地点

A 社区老年服务中心 201 室。

6．报名事项

报名时间：2023 年 6 月 25 日至 6 月 30 日，每天 9:00—17:00。

报名方式：至 A 社区老年服务中心一楼接待处报名。

联系人：陈先生。

联系方式：××××-×××××××××。

7．组织单位

主办单位：××市××区××街道办事处。

承办单位：A 社区居委会。

协办单位：××市老年协会、××市音乐家协会音乐教育工作委员会。

8．人员安排

人员安排如表 7-6 所示。

表 7-6　人员安排

工作	具体内容	负责人
调研	通过发放问卷，调研辖区内老年人参加活动的意愿，统计参加活动的老年人数量并了解其声乐水平	孙××
人员筹备	从××市音乐家协会音乐教育委员会邀请 1 名声乐教师	林××
物资筹备	（1）购买矿泉水。 （2）打印教学资料。 （3）准备、调试设备。	毛××
场地筹备	（1）打扫场地。 （2）布置场地。	刘××

续表

工作	具体内容	负责人
宣传	（1）在日常社区活动中向老年人宣传。 （2）在网络平台宣传。 （3）活动现场拍摄。 （4）发布新闻稿。	李××

9．活动流程

活动流程如表 7-7 所示。

表 7-7　活动流程

节次	时间	活动内容
1	15:00—15:10	教师进行自我介绍与课程简介，学员们互相认识
	15:10—15:40	学员学习基础发声技巧
	15:40—15:50	课间休息
	15:50—16:20	学员学习基础乐理知识，认识简谱
	16:20—16:30	教师解答学员的疑问，预告下次活动的内容
2—15	15:00—15:15	教师带领学员回顾上次活动的内容，并进行发声练习
	15:15—15:30	教师介绍本次活动的内容，并进行弹唱示范
	15:30—15:40	教师讲解简谱及歌曲的重难点
	15:40—15:50	课间休息
	15:50—16:05	（1）教师逐句示范弹唱，学员跟唱。 （2）教师讲解、教唱重难点部分。 （3）学员对照简谱合唱。
	16:05—16:10	学员有感情地朗读歌词，教师对不准确的地方进行纠正
	16:10—16:25	教师反复教唱歌词，引导学员感受歌词的意境，直至学员能够有感情地演唱
	16:25—16:30	教师总结本次活动的重点，预告下次活动的内容
16	15:00—15:10	教师带领学员进行发声练习
	15:10—15:40	教师回顾前期学习内容，选择若干首歌曲领唱
	15:40—15:50	课间休息
	15:50—16:20	学员依次分享学习感悟，进行声乐展示
	16:20—16:30	教师简要介绍更高阶的乐理知识及演唱技巧，讲解自学方法，鼓励学员在活动结束后继续学习声乐

10．经费预算

经费预算如表 7-8 所示。

表 7-8 经费预算

项目	金额/元	预算依据
外聘人员费用	3 200	教师补贴费用为 100 元/学时，共 32 学时，共计 3 200 元
餐饮费	700	矿泉水 20 箱，35 元/箱，共计 700 元
公杂费	300	问卷、教学资料打印费共计 300 元
预备费	400	
总计	4 600	

11．应急预案

应急预案如表 7-9 所示。

表 7-9 应急预案

突发状况	预防与应对措施
老年人无法跟上学习进度	与教师沟通，降低课程难度，并对学习进度较慢的老年人进行重点辅导
老年人中途退出活动	（1）与要求退出活动的老年人沟通，询问原因，尽可能劝说其继续参加活动。 （2）如果劝说失败，应尊重老年人的意愿。 （3）如果该状况是由教师的教学方法不当引起的，应与教师进行充分沟通，协助其改进。

12．其他事项

活动前与教师充分沟通，以确认教学内容与教学方法符合辖区内老年人的实际情况。

二、学习类老年活动实施的要点

（一）与教学人员对接

如果学习类老年活动中有教学人员的参与，工作者应做好活动前的对接工作。工作者应与教学人员确认学习内容、学习时间、学习地点、学习形式等，以及教学人员的食宿、补贴等相关事宜。此外，工作者应向教学人员说明与老年人沟通的技巧与注意事项，以及突发状况的预防与应对措施，以确保活动顺利进行。

（二）营造轻松的学习氛围

老年人没有升学、就业的压力，参加学习活动完全出于自愿，因此在学习类老年活动中无须通过施加学习压力的方式促使老年人达成学习目标。工作者应更加关注老年人的参与过程，营造轻松的学习氛围，使老年人可以轻松学习、快乐学习。

（三）保持良好的态度

老年人身体机能衰退，学习能力下降，在活动中很容易出现听不懂、学不会的情况。此时，工作者要保持良好的态度，及时了解老年人的困难与疑惑，理解他们的需求，协助教学

人员耐心地指导老年人完成学习任务，不能视而不见或者在指导时表现出不耐烦的态度。

此外，在学习类老年活动中，工作者也扮演着倾听者的角色。在与老年人交流时，即便老年人的表达内容与活动无关，也要认真倾听，适时引导，不能直接打断老年人的讲话。

（四）加强支持与鼓励

在学习类老年活动中，老年人经常会产生羞怯、畏难等心理。例如，有的老年人觉得自己文化水平低，学不会新知识；有的老年人认为自己年纪大，身体差，掌握不了新技能；有的老年人过分在意别人的评价，不敢展示、交流；等等。因此，工作者要经常支持与鼓励老年人，在他们取得进步时及时表示肯定，即使有的老年人表现欠佳，也要予以正向激励。这样才能帮助老年人克服负面心理，树立积极的学习态度。

（五）调动老年人的自主性

学习活动的连续性决定了老年人应当具有自主学习的意识与能力。在学习类老年活动中，工作者不仅要协助教学人员“授之以鱼”，教会老年人相应的知识与技能，更要“授之以渔”，引导老年人掌握科学的学习方法与技巧，树立正确的学习态度与观念，培养良好的学习习惯，使学习融入老年人的日常生活，贯穿老年人的终生。

如何调动老年人的自主学习意识

三、学习类老年活动评估的要点

学习类老年活动结束后，工作者应对活动过程与活动效果进行评估，评估要点如表 7-10 所示。

表 7-10　学习类老年活动评估的要点

评估项目	具体内容
活动过程	（1）活动内容是否符合老年人的普遍特征与个人特征。 （2）活动难度如何，是否有老年人无法跟上学习进度或无法完成学习任务。 （3）教学人员能否把握教学节奏，能否与老年人高效沟通。 （4）活动形式是否有趣，老年人的学习积极性如何。
活动效果	（1）老年人是否达成了预期的学习目标，掌握了相应的知识或技能。 （2）老年人是否掌握了正确的学习方法，可以开展自主学习。 （3）老年人是否树立了终身学习的意识。

任务实施

为 A 社区撰写智能手机教学活动策划方案

【任务描述】

为了贯彻落实国务院办公厅 2020 年 11 月 24 日发布的《关于切实解决老年人运用智能技术困难的实施方案》，帮助老年人跨越“数字鸿沟”，享受智能技术发展成果，A 社区决定举办智能手机教学活动，围绕基础操作、生活缴费、医疗健康、交通出行、购物消费等方面向老年人教授智能手机的使用方法。请拟定活动的具体内容，确定活动目标、人员安排、流程安排、经费预算等，并设想活动实施过程，针对活动中可能出现的突发状况制订应急预案，然后撰写活动策划方案。

【实施流程】

（1）学生自由分组，每组 4—6 人，并选出一名小组长。

（2）各小组成员搜集活动相关资料并进行分析，以小组为单位完成任务。

（3）小组长以 PPT 的形式展示并讲解活动策划方案。

（4）教师观看各小组长的展示与讲解过程，引导学生讨论，并进行点评。

1. 填空题

（1）学习类老年活动是＿＿＿＿＿的重要形式，其核心是＿＿＿＿＿。

（2）＿＿＿＿＿＿＿是指老年人之间相互交流思想，互通信息，以取长补短、共同进步的活动。

（3）学习是一个持续的、长期的过程，需要持之以恒才能取得较好的效果。因此，学习类老年活动应当具有＿＿＿＿＿与＿＿＿＿＿，使老年人能够持续学习、持续进步。

2. 单项选择题

（1）老年人学习的目标不包括（　　）。

A．升学与就业　　B．学习新知识

C．掌握新技能　　D．放松心情

（2）在学习类老年活动实施的过程中，不应出现的行为是（　　）。

A．对老年人难以理解的地方进行反复讲解与演示

B．即使有老年人表现欠佳，也要予以正面激励

C．向老年人施加学习压力，促使老年人达成学习目标

D．帮助老年人掌握科学的学习方法与技巧

3. 简答题

（1）如何理解学习类老年活动？

（2）在策划学习类老年活动时，可以如何了解老年人的学习需求？

（3）对学习类老年活动效果进行评估的要点有哪些？

学习成果评价

请进行学习成果评价，并将评价结果填入表 7-11 中。

表 7-11　学习成果评价表

<table>
<tr><td>班级</td><td></td><td>姓名</td><td></td><td>学号</td><td colspan="2"></td></tr>
<tr><td>评价项目</td><td colspan="3">评价内容</td><td>评价方式</td><td>满分</td><td>评分</td></tr>
<tr><td rowspan="6">知识
（40%）</td><td colspan="3">学习类老年活动的概念</td><td rowspan="6">理论测试</td><td>4</td><td></td></tr>
<tr><td colspan="3">常见的学习类老年活动</td><td>8</td><td></td></tr>
<tr><td colspan="3">学习类老年活动的作用</td><td>8</td><td></td></tr>
<tr><td colspan="3">学习类老年活动策划的要点</td><td>7</td><td></td></tr>
<tr><td colspan="3">学习类老年活动实施的要点</td><td>7</td><td></td></tr>
<tr><td colspan="3">学习类老年活动评估的要点</td><td>6</td><td></td></tr>
<tr><td rowspan="2">技能
（40%）</td><td colspan="3">能够策划学习类老年活动</td><td rowspan="2">实践操作</td><td>20</td><td></td></tr>
<tr><td colspan="3">能够参与学习类老年活动的实施与评估</td><td>20</td><td></td></tr>
<tr><td rowspan="4">素养
（20%）</td><td colspan="3">学习态度良好，积极、主动地学习、思考</td><td rowspan="4">综合评价</td><td>5</td><td></td></tr>
<tr><td colspan="3">具有团队精神，积极与他人合作</td><td>5</td><td></td></tr>
<tr><td colspan="3">具有尊老敬老、孝老爱亲的品质</td><td>5</td><td></td></tr>
<tr><td colspan="3">具有服务意识，自觉做好服务工作</td><td>5</td><td></td></tr>
<tr><td colspan="5">合计</td><td>100</td><td></td></tr>
<tr><td>自我评价</td><td colspan="6"></td></tr>
<tr><td>教师评价</td><td colspan="6"></td></tr>
</table>

项目八
分享类老年活动策划与实施

项目引言

随着年龄的增长，老年人越来越渴望被关注、被理解，因此对分享的需求越来越强烈。分享类老年活动为老年人提供了交流分享的平台，也为社会打开了一扇走进老年人内心深处的窗口，对促进老年人心理健康、推进老年友好型社会建设都具有很大的作用。老年活动工作者应当对常见的分享类老年活动有所了解，并掌握分享类老年活动策划、实施与评估的要点，从而合理组织、安排分享类老年活动。

知识目标

- 理解分享类老年活动的概念。
- 熟悉常见的分享类老年活动。
- 了解分享类老年活动的作用。
- 掌握分享类老年活动策划的要点。
- 掌握分享类老年活动实施的要点。
- 掌握分享类老年活动评估的要点。

素质目标

- 培育代际沟通意识，在生活中注重与老年人沟通交流，用心倾听老年人的心声，以加强对老年人的理解与关怀。

任务一　认识分享类老年活动

任务导入

为了加深老年人之间的相互了解，丰富老年人的精神文化生活，H养老院举办了一场“怀旧之旅”老年故事会活动。

活动现场，老年人围坐在一张大桌旁，桌上摆着各种各样的物品。每位老年人都需要选择一件物品，联想与这件物品有关的自己的故事，并向大家分享。在工作者的引导与启发下，李爷爷先拿起一块石头，讲述了自己年轻时在采石场工作的经历。紧接着，周奶奶拿起一支笔，说起了她老师赠送的、她珍藏至今的一支钢笔，以及这位老师对她的教诲。随后，刘爷爷拿起一块手表，讲述了自己工作时对“三转一响”（即手表、自行车、缝纫机、收音机）的追求，以及攒钱买到第一块手表时的激动心情……

通过这种方式，十几位老年人分享了自己丰富的人生经历。大家在缅怀往事的同时，也纷纷感慨美好生活来之不易，并表示会珍惜当下，以积极的心态过好每一天。

思考：

（1）什么是分享类老年活动？

（2）常见的分享类老年活动有哪些？

（3）分享类老年活动对老年人具有哪些作用？

一、什么是分享类老年活动

分享类老年活动是指老年人向其他个人或群体分享知识、经历、故事、时事等的活动，包含分享者、分享对象、分享主题等要素。分享类老年活动与学习类老年活动中的互学活动具有一定的共同特征，但分享类老年活动不以老年人的进步为导向，其目的是使老年人获得精神上的慰藉，并加强社会对老年人的关怀和支持。

分享类老年活动与学习类互学活动的区别

二、常见的分享类老年活动

常见的分享类老年活动有老年茶话会、老年访谈、老年演讲等。

（一）老年茶话会

茶话会是指备有茶水、休闲食品的集会。茶话会的氛围轻松、自由，在茶话会中，各参加者处于平等地位，可以通过自由发言、轮流发言、交流讨论等方式分享往事、讨论时事、

交流经验，并在品茶与倾听中放松身心。因此，茶话会是一种非常适合老年人的活动形式。

老年茶话会守护老年人心理健康

为了提高辖区内老年人的心理健康水平，增强老年人的生活满足感，2024 年 2 月 26 日下午，深圳市某街道联合多个社区，开展了“忆往事，强自我”老年人心理健康增能茶话会活动，共有 30 余位老年人参加。

活动现场热闹非凡，老年人们围坐在一起品茶聊天。在轻松愉快的氛围中，大家逐渐敞开心扉，畅谈过往的点滴趣事和自己对生活的感悟。那些尘封的记忆如同一面面镜子，映射出岁月的痕迹，也唤起了他们对未来的美好憧憬。

居民武奶奶退休后随女儿来到深圳生活，她说：“深圳是一个极具包容性的城市。在照顾外孙之余，我加入了生育关怀志愿者服务队，成为一名志愿者，到现在已经服务了七个年头。志愿服务工作不仅丰富了我的退休生活，也充实了我的精神世界。”

居民冯爷爷分享道：“我要好好感谢身边的这位‘老战友’，也就是我的老伴儿。感谢她陪我走过了这些年的风风雨雨，也感谢她教育出了那么优秀的儿女，如今我们才能跟着儿女来到深圳享福。”听到这番话，冯爷爷的老伴儿徐奶奶在一旁乐得合不拢嘴。

在活动中，除了老年人通过交流和互动增进了彼此间的了解和友谊外，工作者也从健康生活的角度分析了老年人的心理变化和情感需求，并向老年人们分享了一些实用的方法和技巧，帮助他们更好地应对生活中的挑战和压力。

资料来源：周德萌．举办长者心理健康茶话会［N］．宝安日报，2024-03-01．

（二）老年访谈

老年人有着丰富的人生阅历，对许多事物也有着独到的见解，但往往需要接受一定引导才能全面且细致地分享出来。老年访谈就是一种常见的引导式分享类老年活动。在老年访谈中，老年人作为受访者，在采访者的逐步引导下，向公众分享自己的经历、经验、感受等。进行老年访谈时，通常采用自由度较高的非结构性访谈或半结构性访谈，以取得较好的访谈效果。

视野拓展

访谈的分类

根据流程与方式的不同，访谈可以分为结构性访谈、非结构性访谈与半结构性访谈。

1．结构性访谈

结构性访谈是指采访者按照事先设计好的问题与流程，依次向受访者提问并要求受

访者按照规定标准进行回答的访谈。结构性访谈信息指向明确，一般用于解决实际问题，但自由度较低，趣味性较弱，因此较少运用于分享类老年活动。

2．非结构性访谈

非结构性访谈是指采访者按照事先粗拟的提纲或主题，与受访者进行的相对自由和灵活的访谈。在非结构性访谈中，采访者能够根据需要转换话题，变换提问方式和顺序等，从而获取更加全面和深入的信息。

3．半结构性访谈

半结构性访谈介于结构性访谈和非结构性访谈之间，兼具两者的优点。在半结构性访谈中，采访者需要事先准备好严谨的、标准化的问题，但在实际访谈过程中，会给受访者提供较多的机会来表达观点和意见，并根据实际情况决定是否需要提出事先准备好的问题。

（三）老年演讲

演讲是一种表达见解和主张、阐明事理或抒发情感的有效手段。在老年演讲中，老年人需要围绕设定的主题事先组织好语言，然后在公众面前完整、清晰地表达出来。与其他分享类老年活动相比，老年演讲主题明确，感染力强，分享效果好，但对老年人的语言表达能力有着较高的要求。如果老年人语言表达能力较强，且针对某个主题有着强烈的分享欲望，可以通过演讲的方式进行分享。

课堂互动

你还能想到哪些分享类老年活动？如何使分享类老年活动具有更强的趣味性？

三、分享类老年活动的作用

分享类老年活动对老年人来说，具有促进社会交往、建立自我认同、缓解心理压力等作用。

（一）促进社会交往

分享是社会交往的重要方式。通过分享，尤其是互相分享，老年人可以加强与他人的交流，加深彼此之间的了解，从而建立更加紧密的人际关系。

（二）建立自我认同

分享是强化自我认知、建立自我认同的重要手段。通过分享个人经历，老年人可以对自己的人生进行回顾与总结，并进一步审视自己内心的想法，从而更加清晰地认识自己，建立更加明确的自我认同。在此过程中，老年人也有机会寻找新的人生目标，树立更加积极的生活态度。

（三）缓解心理压力

分享是一种有效的情感宣泄方式。在分享类老年活动中，老年人可以倾诉自己的感受，获取他人的认同与共鸣，从而释放压力，减轻心理负担，保持良好的心理状态。

讲述陈年往事，分享精彩人生

在浙江省温州市瓯海区某社区活动中心，一场别开生面的老年人演讲会正在进行。5位老年人经过精心准备，向社区居民分享自己的人生故事。

5位老年人都是普通群众，但他们拥有不平凡的经历。各位老年人神采奕奕、精神饱满，用满腔热情阐述自己的人生经历与感悟。有的老年人围绕“以志愿为荣”，讲述了自己退休后通过参加志愿活动发挥余热的故事，感人肺腑；有的老年人围绕“坚持以人为本”，讲述了自己工作中爱岗敬业的故事，发人深省；有的老年人围绕“以终身学习为目标”，讲述了自己坚持活到老、学到老的故事，引人深思……

一个个生动的人生故事描绘出了一幅幅绚丽的时光画卷，也赢得了听众的一阵阵热烈掌声。老年人用他们的智慧与品质鼓舞了在场的年轻一代，同时也通过对人生的回顾与总结，加强了自我认知，巩固了积极的生活态度。

资料来源：杨飞婷．“绽放生命精彩·畅享绚丽人生”老年人演讲会［EB/OL］．(2023-08-17)．新蓝网．

任务实施

出谋划策，助力老年茶话会活动

【任务描述】

重阳节即将到来，K老年公寓计划举办一场老年茶话会，为老年公寓内的老年人提供一个交流分享的平台。预计共有50余位老年人，以及老年公寓的若干管理人员、服务人员参加活动。请根据本任务所讲知识，拟定本次活动的名称和具体内容。

【实施流程】

（1）学生自由分组，每组4—6人，并选出一名小组长。

（2）小组长组织小组成员讨论以下问题：① 在K老年公寓的老年茶话会中可以设置哪些主题？针对每个主题，可以如何拟定活动名称？② 活动中的分享环节可以通过哪些方式进行？③ 举办老年茶话会对老年人来说具有哪些作用？

（3）小组长对小组成员的观点进行汇总、整理，并以PPT的形式进行汇报。

（4）教师观看各小组长的汇报过程，并进行点评。

任务二　掌握分享类老年活动策划与实施的要点

任务导入

经过策划与准备，A社区举办了“情暖夕阳，健康共享”老年茶话会，请辖区内老年人互相分享养生保健经验。

活动一开始，一向喜欢聊天儿的刘爷爷就打开了话匣子，向大家分享自己的养生之道。随后，另外几位外向的老年人也加入了讨论，很快活动就变成了这些老年人的“专场”。其他老年人则三三两两地坐在一起喝茶、吃点心，偶尔闲谈两句。工作者上前请他们也参与分享，他们便推托道：“唉，养生的东西我不懂，就不献丑了”“让老刘他们讲吧，他们讲得挺好”……面对这样的情形，工作者不知所措。

思考：

（1）此次活动中为什么会出现这样的问题？

（2）策划与实施分享类老年活动的要点有哪些？

一、分享类老年活动策划的要点

（一）明确主题

分享类老年活动应当具有较高的自由度，使老年人能够畅所欲言。但毫无主题地漫谈会使活动失去针对性，导致活动目标无法实现。因此，在策划分享类老年活动时，要根据老年人的特点和需求设置明确的活动主题，使老年人能够围绕活动主题进行更加深入、有价值的分享，以取得更好的活动效果。

（二）控制规模

在分享类老年活动中，老年人往往需要依次发言，无法同时分享。因此，分享类老年活动的规模不宜过大，否则会导致活动时间过长，或参加活动的老年人没有足够的时间分享。在策划分享类老年活动时，要根据活动的持续时间及每位老年人的分享时间，合理控制活动规模。

小贴士

如果有分享需求的老年人较多，可以尝试分多次举办活动，或将老年人分组，安排老年人在组内进行分享。

同步案例

追忆往昔，展望未来——H养老院老年演讲活动策划方案

五四青年节到来之际，H养老院计划与附近的F中学合作，开展一场“追忆往昔，展望未来”老年演讲活动，勉励新时代青年勇担时代重任、坚定理想信念、开启薪新征程。活动策划方案如表8-1所示。

表8-1 H养老院老年演讲活动策划方案

项目	方案	备注
参加对象	H养老院内的老年人，要求思维敏捷，具有较强的语言表达能力	限额5人，有演讲意愿的老年人需提供演讲稿或演讲稿提纲，工作者选出最具教育意义的5篇
活动时间	2024年4月30日9:00—11:00	如遇特殊情况，可以适当延长活动时间，但延长时间不宜超过30分钟
活动地点	F中学礼堂	工作者应提前布置好场地，确保场地适合老年人活动
活动流程	（1）准备（9:00—9:05）：工作者引导老年人入场就座，主持人简要介绍活动内容。 （2）分享（9:05—10:45）：5位老年人依次以演讲的形式向在场的中学生分享自己的青年故事与感悟，并回答学生的提问。 （3）补充提问（10:45—10:55）：学生就老年人的演讲内容进行补充提问，老年人解答。 （4）总结（10:55—11:00）：每位老年人为学生送上一句勉励的话语，主持人致谢并进行简要总结。	在分享环节，每位老年人演讲时间为15分钟，回答学生提问的时间为5分钟
应急预案	突发状况：老年人身体不适 预防与应对措施：安排医护人员在现场监护，必要时可将老年人送至附近医院	提前准备茶水与点心，在活动中及时为老年人补充水分与能量
	突发状况：老年人演讲超时 预防与应对措施：① 事先了解老年人的演讲内容，帮助老年人控制演讲稿的篇幅；② 在活动中如果发现老年人可能演讲超时，应适当提醒其加快进度；③ 如果已经超时，可以适当压缩提问与解答时间	

分享金婚点滴，共建和谐家园——A社区老年访谈活动策划方案

1. 活动名称

分享金婚点滴，共建和谐家园——A社区老年访谈活动。

2．活动目标

（1）促进社区居民交流，丰富社区居民精神文化生活。

（2）弘扬家庭美德，引导社区居民树立良好家风，创建和谐家庭、和谐社区。

3．参加对象

受访者为A社区3对结婚50周年以上的老年夫妻，A社区其他居民可以旁听并与受访者互动。

4．活动时间

2024年2月14日15:00—17:00。

5．活动地点

A社区老年服务中心多功能厅。

6．报名事项

无须报名，携带个人有效身份证件登记入场。

7．组织单位

主办单位：××市××区××街道办事处。

承办单位：A社区居委会。

协办单位：××市老年协会。

8．人员安排

人员安排如表8-2所示。

表8-2　人员安排

工作	具体内容	负责人
调研	走访社区中结婚50周年以上的老年夫妻，了解其家庭背景，结合其身体状况、语言表达能力、分享意愿等，选出3对夫妻作为受访者	孙××
人员筹备	（1）从××市老年协会邀请1名老年学专家作为访谈嘉宾。 （2）招募并培训3名志愿者，负责人员接待、秩序维护等工作。	林××
物资筹备	（1）购买矿泉水。 （2）准备、调试设备。	毛××
场地筹备	（1）打扫场地。 （2）布置场地。	刘××
宣传	（1）在日常社区活动中向社区居民宣传。 （2）张贴海报。 （3）在网络平台宣传。 （4）活动现场拍摄。 （5）发布自媒体稿件。	李××

9．活动流程

活动流程如表8-3所示。

表 8-3　活动流程

时间	活动内容	备注
15:00—15:10	主持人致辞并简要介绍受访者与专家	（1）访谈围绕受访者的婚姻关系展开，其内容包括两人的认识过程、两人之间的难忘经历、维护婚姻关系的心得等。 （2）访谈过程中可以穿插专家点评环节。
15:10—15:30	主持人采访第一对老年夫妻	
15:30—15:40	观众向第一对老年夫妻提问，老年夫妻解答	
15:40—16:00	主持人采访第二对老年夫妻	
16:00—16:10	观众向第二对老年夫妻提问，老年夫妻解答	
16:10—16:30	主持人采访第三对老年夫妻	
16:30—16:40	观众向第三对老年夫妻提问，老年夫妻解答	
16:40—16:55	专家发表意见，观众向专家提问，专家解答	
16:55—17:00	主持人总结、致谢	

10．经费预算

经费预算如表 8-4 所示。

表 8-4　经费预算

项目	金额/元	预算依据
外聘人员费用	150	志愿者补贴费用为每人 50 元/天，共计 150 元
餐饮费	70	矿泉水 2 箱，35 元/箱，共计 70 元
宣传费	200	（1）海报制作费用 150 元。 （2）横幅 1 条，50 元/条，共计 50 元。
预备费	30	
总计	450	

11．应急预案

应急预案如表 8-5 所示。

表 8-5　应急预案

突发状况	预防与应对措施
老年人跌倒、晕倒等	（1）确保活动场地地面平整，无水渍和障碍物。 （2）安排医护人员在活动现场进行监护。 （3）如果发生老年人跌倒、晕倒等情况，则由医护人员进行急救，必要时可送其就医。
提问人数过多，老年人或专家无法一一解答	尽可能按时结束活动，后续可以设置茶话会或座谈会，为专家、老年人和其他社区居民提供交流机会

12．其他事项

（1）做好与专家对接的工作，确认访谈的具体内容与要点。

（2）以影像和文字的方式详细记录访谈过程，以便活动后在自媒体平台宣传。

二、分享类老年活动实施的要点

（一）合理引导

在老年访谈活动中，工作者要掌握访谈的技巧，通过合理提问逐步引导老年人进行深入分享。在其他分享类老年活动中，工作者也要做好引导工作，控制活动进度。例如，在老年茶话会中，如果老年人不愿分享，或不知道怎么分享，工作者应对其进行鼓励，并通过开放式提问逐步引导其分享；如果老年人分享的内容偏离了主题，工作者应及时介入，以轻松、自然的方式将话题引向正确方向。

（二）认真倾听

在老年人分享时，工作者应当认真倾听，与老年人进行目光交流，并做出一定的语言、动作反馈，这样可以使老年人感受到理解与尊重，获取分享的乐趣，提高分享的积极性。此外，倾听的过程也是学习与受启发的过程，工作者只有认真倾听老年人分享的内容，才能更加充分地理解老年人的处境、态度、意见、感受等，从而有针对性地提高自己的工作能力，为老年人提供更加优质的服务。

（三）做好记录

老年人作为时代的见证者，其分享的内容，尤其是涉及时代发展与变迁的内容，往往极具历史价值与文化价值。在分享类老年活动中，工作者要详细记录老年人分享的内容，并在活动结束后及时整理、保存、传播，使其充分发挥作用，让更多的人从中受益。

如何做好分享类老年活动的记录工作

老年人分享的内容可以通过哪些方式保存？如何使更多人获取老年人分享的内容？

三、分享类老年活动评估的要点

在分享类老年活动结束后，工作者应对整个活动的过程与效果进行评估，具体评估内容如表 8-6 所示。

表 8-6　分享类老年活动评估的内容

评估项目	具体内容
活动过程	（1）活动主题是否明确，老年人能否围绕活动主题进行分享。 （2）活动是否按照策划方案进行，持续时间是否超出或未达到预期。 （3）活动中是否出现了突发状况，如果出现了突发状况，应对情况及其影响如何。

续表

评估项目	具体内容
活动效果	（1）老年人与观众是否从活动中受益。 （2）参加者的满意度如何，对活动做出了哪些评价，是否提出了切实可行的建议。 （3）老年人之间、老年人与观众之间的互动情况如何。 （4）有价值的分享内容是否得到了全面记录、完整保存与广泛传播，是否产生了积极的社会影响。

任务实施

为A社区撰写老年故事大赛活动策划方案

【任务描述】

为了丰富社区居民的精神文化生活，加强代际沟通，A社区计划举办一场“聆听岁月之声”老年故事大赛，邀请辖区内老年人分享历史典故、民间传说、个人经历等。请拟定活动的具体内容，确定活动目标、人员安排、流程安排、经费预算等，并设想活动实施过程，针对活动中可能出现的突发状况制订应急预案，然后撰写活动策划方案。

【实施流程】

（1）学生自由分组，每组4—6人，并选出一名小组长。

（2）各小组成员搜集活动相关资料并进行分析，以小组为单位完成任务。

（3）小组长以PPT的形式展示并讲解活动策划方案。

（4）教师观看各小组长的展示与讲解过程，引导学生讨论，并进行点评。

学习成果自测

1. 填空题

（1）分享类老年活动包含分享者、__________、__________等要素。

（2）进行老年访谈时，通常采用自由度较高的__________访谈或__________访谈，以取得较好的访谈效果。

2. 单项选择题

（1）分享类老年活动对老年人的作用不包括（　　）。

A．促进社会交往　　B．建立自我认同

C．缓解心理压力　　D．掌握新技能

（2）以下说法中正确的是（　　）。

A．老年演讲感染力强，对老年人的语言表达能力要求不高

B．分享类老年活动应当具有较高的自由度，因此可以不设置主题

C．工作者只需在老年访谈活动中对老年人进行引导

D．工作者要详细记录老年人的分享内容，并及时整理、保存、传播

3．简答题

（1）分享类老年活动策划的要点有哪些？

（2）在老年人分享时，工作者为什么要认真倾听？

请进行学习成果评价，并将评价结果填入表 8-7 中。

表 8-7　学习成果评价表

班级		姓名		学号	
评价项目	评价内容	评价方式	满分	评分	
知识（40%）	分享类老年活动的概念	理论测试	4		
	常见的分享类老年活动		8		
	分享类老年活动的作用		8		
	分享类老年活动策划的要点		7		
	分享类老年活动实施的要点		7		
	分享类老年活动评估的要点		6		
技能（40%）	能够策划分享类老年活动	实践操作	20		
	能够参与分享类老年活动的实施与评估		20		
素养（20%）	学习态度良好，积极、主动地学习、思考	综合评价	5		
	具有团队精神，积极与他人合作		5		
	具有尊老敬老、孝老爱亲的品质		5		
	具有服务意识，自觉做好服务工作		5		
合计			100		
自我评价					
教师评价					

项目九
观赏类老年活动策划与实施

项目引言

随着经济的发展和养老服务体系的不断完善，越来越多的老年人开始追求精神文化生活的丰富多彩。观赏类老年活动内容丰富，种类多样，在满足老年人的审美需求、丰富老年人的精神文化生活方面发挥着重要作用。老年活动工作者应当对常见的观赏类老年活动有所了解，并掌握观赏类老年活动策划、实施与评估的要点，从而合理组织、安排观赏类老年活动。

知识目标

- 理解观赏类老年活动的概念。
- 熟悉常见的观赏类老年活动。
- 了解观赏类老年活动的作用。
- 掌握观赏类老年活动策划的要点。
- 掌握观赏类老年活动实施的要点。
- 掌握观赏类老年活动评估的要点。

素质目标

- 培育审美意识，自觉、主动地参与审美实践，提高审美素养。

任务一　认识观赏类老年活动

任务导入

“走，看电影去。”某天下午，牛爷爷叫上老伴儿，来到A社区老年服务中心多功能厅观影。这里已经聚集了10多名老年人，大家满怀期待地等待着电影开场。

当天要放映的是一部经典的革命历史题材电影。开场音乐响起后，老年人们都聚精会神地紧盯着银幕。光影之间，大家的心情也跟着剧情起伏，时而激动，时而伤感，时而兴奋。影片结束后，老年人们意犹未尽，询问工作者下周的观影时间。

此前，A社区的工作者在服务过程中，听到不少老年人说很长时间没看过电影了，因为电影院里很少有自己想看的电影，自己又不知道如何在网络平台看电影。于是，A社区把老年服务中心的多功能厅稍加改造，每周根据老年人的需求为其放映经典电影。通过观影活动，老年人们极大地丰富了文化生活，满足了精神需求。

思考：

（1）什么是观赏类老年活动？

（2）常见的观赏类老年活动有哪些？

（3）观赏类老年活动对老年人具有哪些作用？

一、什么是观赏类老年活动

观赏类老年活动是指老年人观看、欣赏具有一定观赏价值的事物的活动。在观赏类老年活动中，观赏对象需要与老年人的审美需求和审美能力相适应，使老年人产生愉悦感。

二、常见的观赏类老年活动

常见的观赏类老年活动有景观观赏活动、艺术观赏活动、体育观赏活动等。

（一）景观观赏活动

景观即可以引起良好视觉感受或具有个性特征的景象，可以分为自然景观与人文景观。老年人可以通过观光游览的方式深入欣赏各类景观。

1．自然景观观赏活动

自然景观是指以具有观赏价值的自然资源为主要构成元素的景观，主要包括山体景观、水体景观、生物景观等。

我国疆域辽阔，不同的地质构造与气候条件塑造了形态各异的山体，这些山体与深厚的

文化内涵相结合，便形成了极具观赏价值的山体景观。在以山体景观为主要观赏对象的观赏活动中，老年人可以通过远观，观赏山体的形态美；也可以走进山中，深入体验山体构成的空间环境。

水体景观包括河流景观、湖泊景观、海洋景观、瀑布景观等。与山体相比，水体的形态更加灵活，形成的美学特征也更加丰富。在以水体景观为主要观赏对象的观赏活动中，老年人可以观赏水体的动态美、光影美、色彩美等。

生物景观包括植物景观与动物景观。在以生物景观为主要观赏对象的观赏活动中，老年人可以欣赏植物的形态、色彩，动物的外观、行为等。

2．人文景观观赏活动

人文景观是指人类活动所留下的具有观赏价值的痕迹或实物，包括建筑景观（见图 9-1）、市容景观、民俗风情景观等。与自然景观观赏活动相比，人文景观观赏活动在给老年人带来视觉享受之余，更注重老年人对文化信息的获取与解读。

图 9-1　建筑景观

感受城市变化，共享发展成果

“现在我们来到了世博文化公园，参观美丽的申园。接下来，我们还将游览滨江地区，领略浦东新区近年来的发展变化……”在世博文化公园，工作者正在为老年人耐心讲解。这是上海市老年基金会浦东新区代表处组织开展的“千名老人看浦东”系列活动，该系列活动以“喜看浦东新变化，共享发展新成果”为主题，邀请上海市浦东新区的老年人参观浦东新区的热门“打卡点”，使其了解浦东开发开放 30 多年来的发展成果。

本次活动的路线有两条。一条经过浦东足球场、上海图书馆东馆等，目的地为滴水湖，老年人们可以在滴水湖畔观光，然后参观中国航海博物馆；另一条则经过浦东足球场、上海图书馆东馆、浦东美术馆等地，目的地为世博文化公园和滨江步道。

汪奶奶是第一次来到世博文化公园参观。“上次来这里还是在2010年世博会的时候，没想到变化这么大。”她说。在申园，老年人们尽情领略这个具有江南特色的园中园里的美景，并留下一张张美丽的合影。“我们年纪大了，平时就在家附近的公园走走看看，这次游览申园，完全是不同的体验。”前来参观的张爷爷说。

活动组织者介绍，他们计划每年春季和秋季分别邀请千名老年人到浦东的一些地标走一走、看一看，感受浦东的发展、时代的变化。此外，他们还希望把该活动打造成品牌项目，争取在3年时间里，让一万名浦东老年人共同享受发展成果。

资料来源：唐玮婕．感受浦东变化，共享发展成果，“千名老人看浦东”系列活动举行[N/OL]．(2023-04-30)．文汇网．

（二）艺术观赏活动

艺术是特定社会和文化环境下的创造性产物，是人类精神文明的重要组成部分。艺术可以分为造型艺术、表演艺术、语言艺术与综合艺术，老年人可以通过参观艺术展览、欣赏现场表演、观看电影等方式观赏各类艺术作品。

1．参观艺术展览

艺术展览通常用于展示造型艺术，如绘画、雕塑等。工作者可以组织老年人前往美术馆、博物馆等地参观艺术展览，也可以在社区、养老院等地为老年人举办艺术展览。

2．欣赏现场表演

现场表演通常用于展示表演艺术、语言艺术和综合艺术，如舞蹈、戏剧、曲艺、杂技等。工作者可以组织老年人前往剧院、音乐厅等演出场所欣赏现场表演，也可以邀请表演者来到社区、养老院等地为老年人进行现场表演。

3．观看电影

电影是深受广大群众喜爱的综合艺术。工作者可以组织老年人前往电影院观看电影，也可以在社区、养老院等地为老年人放映露天电影（见图9-2）或室内电影。

图9-2　露天电影

（三）体育观赏活动

各类精彩的体育赛事具有很高的观赏价值。在体育观赏活动中，老年人不仅能感受到竞技带来的乐趣，还能欣赏运动员展现的体态美与动作美。工作者可以组织老年人前往体育馆现场观看体育赛事，也可以组织老年人观看直播或转播的体育赛事。

有哪些体育赛事不适合老年人现场观看？

不适合老年人现场观看的体育赛事

三、观赏类老年活动的作用

观赏类老年活动对老年人的作用具体体现在以下几个方面：

（1）延缓大脑衰老。在观赏类老年活动中，老年人可以充分接受感官刺激，保持大脑活跃，延缓认知功能衰退。

（2）改善心理状态。观赏类老年活动是一种轻松的、具有休闲性与娱乐性的活动，在观赏类老年活动中，老年人被美好的事物吸引，能够缓解压力，放松心情，消除负面情绪。此外，老年人还可以接触新事物，激发好奇心与探索欲，从而保持对生活的热情。

（3）提高审美素养。审美素养包括审美意识、审美知识和审美能力，是在审美经验的基础上积累形成的。观赏类老年活动作为审美实践，能够丰富老年人的审美经验，使老年人增强审美意识、更新审美知识、发展审美能力，从而提高审美素养。

任务实施

出谋划策，助力老年春游活动

【任务描述】

冬去春来，H 养老院的许多老年人表示想要出门走走，领略大好春光。于是，H 养老院决定组织一场老年春游活动，预计带领 15 名左右老年人进行为期一天的游览。请根据本任务所讲知识，拟定本次活动的具体内容。

【实施流程】

（1）学生自由分组，每组 4—6 人，并选出一名小组长。

（2）小组长组织小组成员讨论以下问题：① 在 H 养老院的老年春游活动中，可以选择哪些游览地点与观赏对象？② 举办老年春游活动对老年人来说具有哪些作用？

（3）小组长对小组成员的观点进行汇总、整理，并以 PPT 的形式进行汇报。

（4）教师观看各小组长的汇报过程，并进行点评。

任务二　掌握观赏类老年活动策划与实施的要点

任务导入

8月8日是全民健身日，为了增强老年人的健身意识，H养老院经过精心策划，邀请了当地某高校篮球队的运动员，在养老院内的篮球场举办了一场精彩的篮球友谊赛。

随着裁判的一声哨响，两支队伍迅速进入了比赛状态。各位运动员都竭尽所能，组织一轮又一轮的进攻与防守。老年人们围坐在篮球场周围，为运动员们加油助威。随着赛场上比分的不断变化，现场的氛围也更加热烈，掌声、欢呼声、呐喊声不绝于耳。在中场休息环节，还有老年人组成的啦啦队上场献舞，为活动增添了一分欢乐。

比赛结束后，运动员还为老年人献上了精彩的扣篮表演，一些老年篮球爱好者也被邀请上场，与运动员友好切磋。通过此次活动，老年人感受到了体育的魅力，增进了社会交往。运动员也表示，很高兴能够为丰富老年人的生活、带动更多老年人参与运动贡献自己的力量。

思考：

策划与实施观赏类老年活动的要点有哪些？

一、观赏类老年活动策划的要点

（一）合理选择观赏对象

在策划观赏类老年活动时，要根据老年人的意愿、身心状况、外部条件等合理选择观赏对象。许多事物不适合作为观赏类老年活动中的观赏对象，如位于危险地区或老年人难以抵达的地区的景观，含有暴力、恐怖等刺激性元素的电影，等等。

（二）合理安排活动时间

在策划观赏类老年活动时，要根据老年人的特征与活动本身的特征合理安排活动时间。例如，在策划以室外景观为主要观赏对象的景观观赏活动时，要选择气温适宜、天气良好的时间；在策划电影观赏活动时，要注意避开午饭后老年人容易犯困的时段；等等。

（三）丰富活动内容

观赏类老年活动以观赏为主，但在活动过程中可以穿插一些其他类型的活动，以丰富活动内容。例如，在自然景观观赏活动中，可以穿插一些户外运动、娱乐项目；在现场表演观赏活动中，可以邀请有意愿、有能力的老年人上台参与表演，展示才艺；等等。

金秋之旅——K老年公寓老年赏秋活动策划方案

1．活动名称

金秋之旅——K老年公寓老年赏秋活动。

2．活动目标

（1）丰富老年人的精神文化生活。

（2）加强老年人之间的交流，促进老年人社会参与。

3．参加对象

K老年公寓内70周岁以下且具有良好活动能力的老年人，限额25人。

4．活动时间

2023年11月7日8:00—17:30。

5．活动地点

××市南山森林公园景区。

6．人员安排

人员安排如表9-1所示。

表9-1　人员安排

工作	具体内容	负责人
调研	（1）了解景区信息，设计游览路线。 （2）评估参加活动的老年人的活动能力是否达到要求。	吴××
物资筹备	（1）购买矿泉水、食品等。 （2）租赁一辆旅游大巴。 （3）购买景区门票。	马××
宣传	（1）活动现场拍摄。 （2）发布新闻稿。	罗××

7．活动流程

活动流程如表9-2所示。

表9-2　活动流程

时间	活动内容	
8:00—9:00	前往景区	带领老年人在K老年公寓门口集合，乘坐旅游大巴前往景区
9:00—11:30	集体游览	带领老年人进入景区，游览“红叶谷”“清风崖”“涵月池”等景点，观赏植物景观、山体景观、水体景观
11:30—13:30	午餐	在景区餐厅用餐并休息

续表

时间	活动内容	
13:30—15:30	集体游览	带领老年人游览“银杏长廊”“流觞亭”“羽鳞潭”等景点，观赏植物景观、建筑景观、水体景观、动物景观
15:30—16:30	自由活动	在景区出口附近的草地引导老年人自由活动，老年人可以休息、观景、拍照、野餐、打牌、做游戏等
16:30—17:30	返程	带领老年人在景区停车场集合，乘坐旅游大巴返回老年公寓

8．经费预算

经费预算如表 9-3 所示。

表 9-3　经费预算

项目	金额/元	预算依据
餐饮费	1 720	（1）矿泉水 2 箱，35 元/箱，共计 70 元。 （2）午餐费用 50 元/人，老年人、工作者、司机共 33 人，共计 1 650 元。
交通费	1 230	（1）旅游大巴租赁费用共计 1 200 元（含车辆燃油费、路桥费、司机服务费、乘客保险费）。 （2）景区停车费共计 30 元。
公杂费	1 180	（1）7 名工作者购买景区全价门票，40 元/人，共计 280 元。 （2）15 位 65 周岁以下的老年人购买景区半价门票，20 元/人，共计 300 元。 （3）10 位 65 周岁以上的老年人免票。 （4）各类食品共计 600 元。
预备费	370	
总计	4 500	

9．应急预案

应急预案如表 9-4 所示。

表 9-4　应急预案

突发状况	预防与应对措施
老年人在车上身体不适	停车让老年人休息，必要时可将老年人送至附近医院
老年人在景区身体不适或受伤	寻求景区医护人员的帮助，必要时可将老年人送至附近医院
老年人在景区走失	（1）在活动前向老年人强调不得单独行动。 （2）为每位工作者指定监护对象，在工作中做好监护工作。 （3）如果有老年人走失，应尽快寻找，并寻求景区工作人员的帮助。

10．其他事项

（1）去程途中，工作者应组织老年人进行一些小游戏，以活跃氛围，缓解老年人在路途中的枯燥感；返程途中，工作者仅进行简单总结即可，其余时间供老年人休息。

（2）工作者应提前了解景区信息，在游览时为老年人提供适当的讲解服务。

（3）游览节奏不应过快，要合理设置休息时间。

（4）如果有老年人需要前往医院救治，应由一名工作者与一名医护人员陪同，其他人员可以继续进行活动。

梨园进社区——A 社区老年戏曲欣赏活动策划方案

1．活动名称

梨园进社区——A 社区老年戏曲欣赏活动。

2．活动目标

（1）促进社区居民交流，丰富社区居民精神文化生活。

（2）弘扬中国戏曲文化，提高老年人与其他社区居民的文化素养与艺术素养。

3．参加对象

A 社区的老年人及其家属。

4．活动时间

2023 年 12 月 30 日 18:00—20:00。

5．活动地点

A 社区老年服务中心多功能厅。

6．报名事项

无须报名，携带个人有效身份证件登记入场。

7．组织单位

主办单位：A 社区居委会、××市曲剧团。

8．人员安排

人员安排如表 9-5 所示。

表 9-5　人员安排

工作	具体内容	负责人
调研	（1）调研老年人参加活动的意愿，评估参加人数。 （2）统计老年人想要观看的剧种、选段。	孙××
人员筹备	（1）与××市曲剧团对接表演事宜。 （2）招募并培训 3 名志愿者，负责人员接待、秩序维护等工作。	林××
物资筹备	（1）购买矿泉水。 （2）准备、调试设备。	毛××
场地筹备	（1）打扫场地。 （2）布置场地。	刘××
宣传	（1）在日常社区活动中向老年人宣传。 （2）张贴海报，发放宣传手册。 （3）在网络平台宣传。 （4）活动现场拍摄。 （5）发布自媒体稿件。	李××

9．活动流程

活动流程如表 9-6 所示。

表 9-6　活动流程

时间	活动内容
18:00—18:05	主持人致辞，简要介绍表演者与表演内容
18:05—19:30	××市曲剧团的表演者为老年人表演戏曲节目，包括京剧《定军山》选段、越剧《西厢记》选段、豫剧《穆桂英挂帅》选段等
19:30—19:55	邀请有意愿的老年人上台展示戏曲才艺，××市曲剧团的表演者配合表演
19:55—20:00	主持人总结、致谢

10．经费预算

经费预算如表 9-7 所示。

表 9-7　经费预算

项目	金额/元	预算依据
外聘人员费用	2 150	（1）曲剧团出场费用共计 2 000 元。 （2）志愿者补贴费用为每人 50 元/天，共计 150 元。
餐饮费	140	矿泉水 4 箱，35 元/箱，共计 140 元
宣传费	300	（1）海报、宣传手册等的制作费用共计 200 元。 （2）横幅 2 条，50 元/条，共计 100 元。
预备费	210	
总计	2 800	

11．应急预案

应急预案如表 9-8 所示。

表 9-8　应急预案

突发状况	预防与应对措施
老年人跌倒、晕倒等	（1）确保活动场地地面平整，无水渍和障碍物。 （2）安排医护人员在活动现场进行监护。 （3）如果发生老年人跌倒、晕倒等情况，则由医护人员进行急救，必要时可送其就医。
观众数量过多，超出场地容量	启用老年服务中心内的其他活动室，放映表演的直播视频
观众起哄、喧哗等	在活动开始前向观众强调注意事项，在活动过程中做好秩序维护工作

12．其他事项

在活动开始前要做好场地布置、设备调试工作，确保场地和设备满足演出要求。

二、观赏类老年活动实施的要点

（一）做好对接工作

大多数观赏类老年活动都会涉及与第三方的对接，在活动开始前，工作者要做好对接工作。例如，如果组织老年人前往景区、电影院、体育馆等场地，工作者要提前与场地管理人员对接，确认票价、讲解服务、无障碍设施使用等相关事项；如果邀请个人或团体为老年人表演，工作者要提前与表演者对接，确认表演者的食宿、交通安排，表演时间、内容、方式，互动形式，等等。

（二）维护活动秩序

观赏类老年活动通常是集体活动，如果老年人在活动中不遵守秩序，不仅会影响他人的观赏体验，也可能会引发安全事故。因此，在观赏类老年活动中，工作者要做好秩序维护工作。例如，在带领老年人观赏自然景观时，要提醒老年人不要前往危险区域，不要采摘、食用野果，不要挑逗、追赶野生动物等；在组织老年人参观艺术展览时，要提醒老年人不要触摸、破坏展品；在组织老年人欣赏现场表演、观看电影、观看体育比赛时，要提醒老年人不要喧哗、起哄、随意走动等。

（三）控制活动节奏

老年人不宜久坐、久站、久行，或长时间接受刺激，因此，在实施观赏类老年活动时，工作者要控制活动节奏，确保老年人健康、安全、舒适地完成活动。例如，在带领老年人游览景区时，要留意老年人的行进速度，及时安排老年人休息，以免老年人体力不支；在组织老年人观看电影时，要设置中场休息时间，以免引起老年人视觉疲劳。

三、观赏类老年活动评估的要点

在观赏类老年活动结束后，工作者应对观赏对象、活动场地与相关服务、活动过程与效果进行评估，以决定此类活动是否可以持续举行。首先应评估观赏对象是否具有艺术价值、历史价值、社会价值等，并根据老年人的反馈判断观赏对象的内涵是否符合老年人的认知水平；其次应评估活动场地是否满足适老化需求、相关服务是否到位等；最后应评估老年人是否充分享受了观赏的乐趣，是否从活动中受益。

观赏类老年活动的评估准则

任务实施

为 H 养老院撰写老年电影周活动策划方案

【任务描述】

为了丰富老年人的精神文化生活，加强老年人之间的交流与沟通，提高老年人的艺术素养，H 养老院计划举办“走进光影世界”老年电影周活动，用 7 天时间为老年人放映 7 部经典电影。请拟定活动的具体内容，确定活动目标、人员安排、流程安排、经费预算等，并设想活动实施过程，针对活动中可能出现的突发状况制订应急预案，然后撰写活动策划方案。

【实施流程】

（1）学生自由分组，每组 4—6 人，并选出一名小组长。

（2）各小组成员搜集活动相关资料并进行分析，以小组为单位完成任务。

（3）小组长以 PPT 的形式展示并讲解活动策划方案。

（4）教师观看各小组长的展示与讲解过程，引导学生讨论，并进行点评。

学习成果自测

1．填空题

（1）在观赏类老年活动中，观赏对象需要与老年人的＿＿＿＿＿和＿＿＿＿＿相适应。

（2）景观可以分为＿＿＿＿＿与＿＿＿＿＿。

（3）艺术可以分为＿＿＿＿＿、＿＿＿＿＿、＿＿＿＿＿与综合艺术，艺术展览通常用于展示＿＿＿＿＿。

2．单项选择题

（1）观赏类老年活动对老年人的作用不包括（　　）。

A．延缓大脑衰老　　B．改善心理状态

C．提高审美素养　　D．获取经济收益

（2）以下景观中，不适合作为观赏类老年活动中的观赏对象的是（　　）。

A．琼岛春阴　　B．七里山塘

C．长空栈道　　D．三潭印月

3．简答题

（1）在策划观赏类老年活动时，可以如何丰富活动内容？

（2）观赏类老年活动实施的要点有哪些？

学习成果评价

请进行学习成果评价，并将评价结果填入表 9-9 中。

表 9-9　学习成果评价表

<table>
<tr><td>班级</td><td colspan="2"></td><td>姓名</td><td></td><td>学号</td><td></td></tr>
<tr><td>评价项目</td><td colspan="3">评价内容</td><td>评价方式</td><td>满分</td><td>评分</td></tr>
<tr><td rowspan="6">知识
（40%）</td><td colspan="3">观赏类老年活动的概念</td><td rowspan="6">理论测试</td><td>4</td><td></td></tr>
<tr><td colspan="3">常见的观赏类老年活动</td><td>8</td><td></td></tr>
<tr><td colspan="3">观赏类老年活动的作用</td><td>8</td><td></td></tr>
<tr><td colspan="3">观赏类老年活动策划的要点</td><td>7</td><td></td></tr>
<tr><td colspan="3">观赏类老年活动实施的要点</td><td>7</td><td></td></tr>
<tr><td colspan="3">观赏类老年活动评估的要点</td><td>6</td><td></td></tr>
<tr><td rowspan="2">技能
（40%）</td><td colspan="3">能够策划观赏类老年活动</td><td rowspan="2">实践操作</td><td>20</td><td></td></tr>
<tr><td colspan="3">能够参与观赏类老年活动的实施与评估</td><td>20</td><td></td></tr>
<tr><td rowspan="4">素养
（20%）</td><td colspan="3">学习态度良好，积极、主动地学习、思考</td><td rowspan="4">综合评价</td><td>5</td><td></td></tr>
<tr><td colspan="3">具有团队精神，积极与他人合作</td><td>5</td><td></td></tr>
<tr><td colspan="3">具有尊老敬老、孝老爱亲的品质</td><td>5</td><td></td></tr>
<tr><td colspan="3">具有服务意识，自觉做好服务工作</td><td>5</td><td></td></tr>
<tr><td colspan="5">合计</td><td>100</td><td></td></tr>
<tr><td>自我评价</td><td colspan="6"></td></tr>
<tr><td>教师评价</td><td colspan="6"></td></tr>
</table>

参考文献

［1］姜燕，朱佩．老年康乐活动策划与组织［M］．南京：南京大学出版社，2020.

［2］吴旭平．老年休闲活动规划与执行［M］．北京：化学工业出版社，2020.

［3］张沙骆．老年人活动策划与组织［M］．2 版．北京：北京师范大学出版社，2021.

［4］唐东霞．老年活动策划与组织［M］．3 版．南京：南京大学出版社，2022.

［5］林婉玉．老年人活动策划组织［M］．北京：人民卫生出版社，2022.

［6］赵伯艳．大型活动策划与管理［M］．2 版．重庆：重庆大学出版社，2022.

［7］孟庆方．老年人体育与健康促进［M］．北京：北京体育大学出版社，2022.

［8］陈碧清．现代休闲活动策划与管理实务［M］．北京：群言出版社，2023.

［9］赵学慧．老年社会工作与理论实务［M］．2 版．北京：北京大学出版社，2024.